聆聽心中真正的渴望，走向不再糾結的人生

停止你的內在戰爭

黃仕明——著

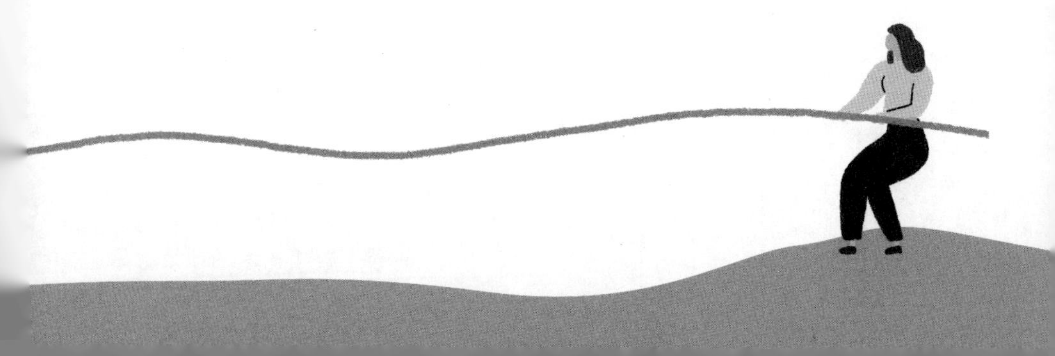

感恩我的老師史蒂芬·吉利根博士，
是他引領我踏上生生不息的生命旅程。

This book is dedicated to my most important teacher Stephen Gilligan Ph.D for leading me on to the generative journey.

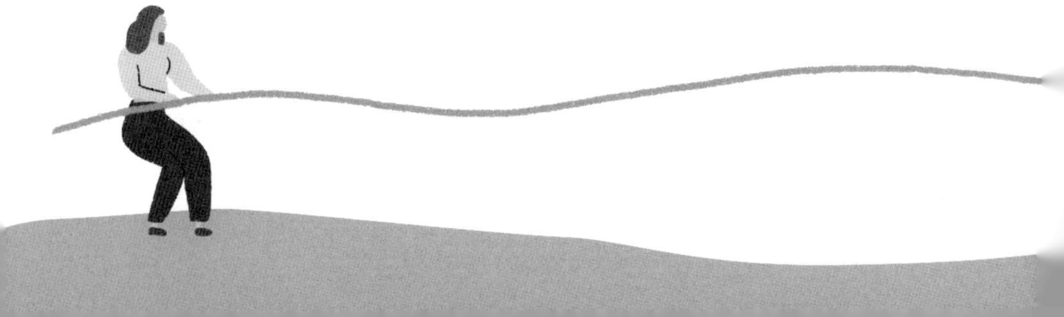

CONTENTS

目錄

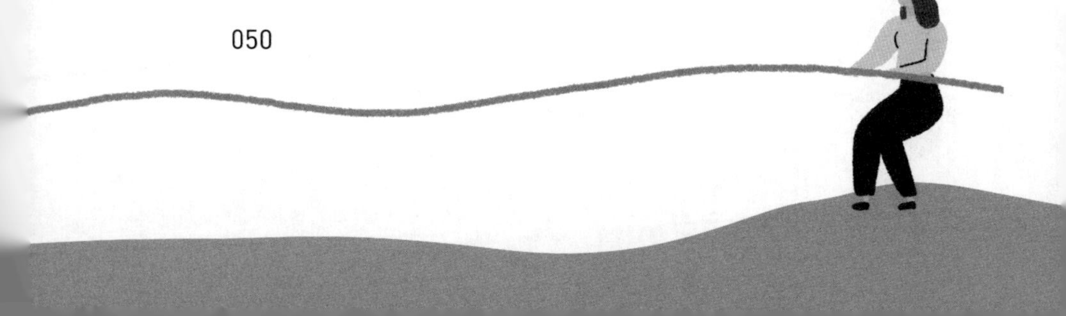

第二章 停戰，初見旅程中的自己

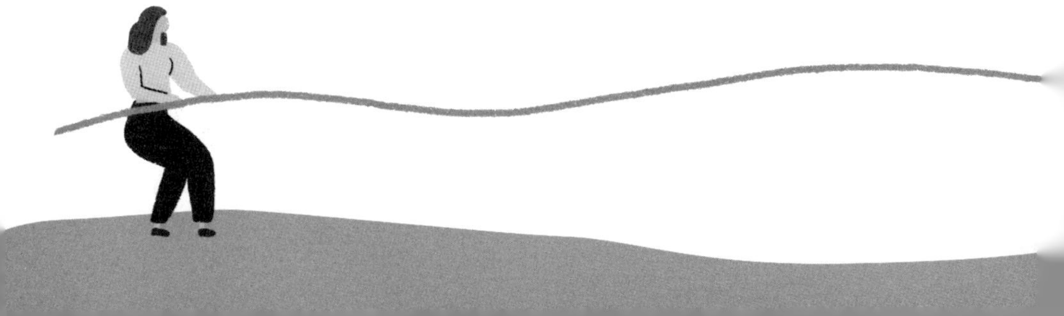

第三章 聆聽，連接關係中更深的渴望

第四章 療癒，四句神奇的咒語

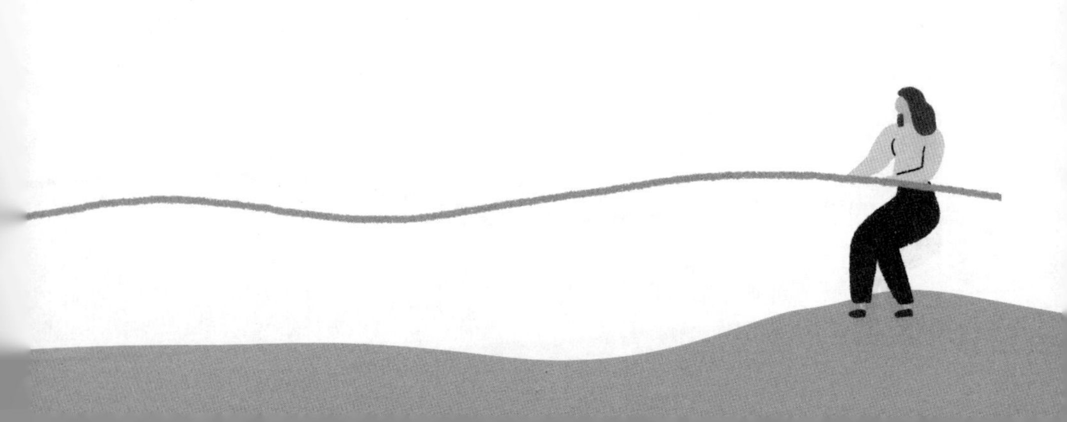

—推薦序—

整合內在衝突，完善你生命的樣貌

華人NLP教父、美國NLP大學高階導師——**陳威伸**

與仕明老師相知相識約有五、六年了。期間因共同興趣——催眠議題，而互有拜訪與交流，因此，也看到仕明老師的投入與掀起催眠治療的千堆雪。如今他將部分實務經驗集結成書，期盼能提供廣大的遠距服務給更多的潛在需求者，我感到相當驚豔與懾服。

約莫三十年前，我為引進與推廣NLP在華人世界的傳播，帶進了約五十本，當時最經典的NLP原文書，並與出版社合作，翻譯成中文。沒想到很快就流傳到香港、新加坡、馬來西亞及世界華人所在的地區。中國大陸更是在二十年前起，因其經濟改革有成，開始了個人自我心理、靈性探索與需求。一時風起雲湧，改善與完整了很多人的生命樣貌。

大約二十年前，我在美國與吉利根大師相遇，經幾次參與他的工作坊，確實體驗了催眠治療的效果與魔力。引進台灣後，每年一次的「催眠祭」已成為各方人士齊聚一堂，共享大師專業的盛宴。仕明老師也在這波浪濤中，不斷自我磨勵、提升實務與影響力。

而生生不息改變的理念，是吉利根大師晚近十年學術與實務的集大成，也是我深深服膺的理念與操作準則。加上仕明老師這些年的貼身親炙，並將之應用化、實務化，更成就了催眠治療在華人社會、問題與現象的在地化。

事實上，要主動停止自己內在的戰爭是不容易的。它是與生俱來，帶著原生家庭的諸多傳承，不管是好的或壞的。而也因為有這些內在戰爭，人才有可能不斷突破，不斷成長——這也是生生不息的原意。然而，大多數人還是停滯在無邊無際的內在戰爭漩渦中，才會對生活或生命造成困境與問題。本書中，仕明老師以實例來示範，他是如何幫助來訪者，整合自己內在的衝突、目標與資源，跟隨他長年的經驗和領悟，將一路帶領你走向更為理想的人生。

前言

我們正在發起一場
沒有倖存者的
「內在戰爭」

◆我們內在的兩種核心衝突

因為從事心理諮商工作的關係，在過去十幾年，我聆聽過各種各樣的生命故事，很幸運，我可以成為人們旅途的同伴，他們向我敞開了生命中的問題、困惑、挑戰、掙扎。

在這個歷程中，我發現人們生命中的問題、困惑、挑戰、掙扎，常常都集中於兩個核心問題。

問題❶：我所想的和我體驗到的不同

- 我想快樂，但我體驗到痛苦。
- 我想平靜，但我總是很煩躁。
- 我想成功，但我害怕失敗和丟臉。

問題❷：我想成為那個人，但我真正體驗到的是自己並不是那個人

- 我想成為一個有耐心的人，可我總是發脾氣。
- 我想成為一個專注投入的人，但我總是拖延和分心。
- 我想成為一個有活力的人，但我總是感到疲倦無力。

內心這兩種衝突之間的力量，讓我們發起了一場內在的戰爭，甚至產生了消極的想法、負面情緒和負面行為。

而且，最為關鍵的一點是，這些衝突存在於不同的意識層面，但事實上，存在於潛意識層面的居多。

有些朋友常常對我說：「老師，我沒有自信，我來見你，是希望你可以幫我消除掉自卑。」

「我無法體驗到平靜，是因為我容易緊張，你能不能幫我緩解緊張？」

「你能不能幫我去除恐懼？這樣我就有力量、有勇氣冒險了。」

我們常常以為消除生命裡那些「壞的」東西，剩下的就會是「好的」——以為去掉了擔心、無力、恐懼、煩躁，剩下的就是勇氣、力量、平靜、信心、熱情。

這種努力往往讓我們陷入了改變的陷阱，對自己發起一場內在的戰爭，而戰爭的形式，我們一定不陌生：因為想改變自己討厭的狀態，帶著緊繃的肌肉嘗試讓改變發生；想把討厭的狀態從我們的生命中去除掉，卻又緊緊地鎖住了它。

這種試著「解決問題」的努力，變成了問題本身。

也就是說，我們試圖改變一個問題的努力，反而讓問題變得更糟糕。人們回應內在問題的方式，常常把小問題變成了更大的問題。

◆ 給脆弱一個「內在的家」，它會轉化爲資源

一位來訪者，他有一份熱愛的工作，擁有美滿的婚姻，和一個可愛的孩子。他感覺自己已經過著曾經夢想的生活，卻還是無法開心起來，難以享受和孩子

在一起的時光，無法全心全意投入與妻子之間的關係，覺得自己充滿著壓力和緊繃感，所以他來找我。在探索的過程中，他談到自己是家裡的長子，有一個弟弟。

弟弟最近在生意上遇到一些困難，媽媽打電話過來，要求他借錢給弟弟。但那筆錢的金額較大，他身上也沒有這麼多錢，可是，父母卻要求他借錢去幫助弟弟。

父母的要求讓他非常為難，因為他在外打拚，和妻子擔起一個家庭的生活開支已經相當不容易。然而，一想到父母的期待，他還是硬著頭皮向朋友借了一筆錢。

當他把這筆錢交給媽媽的時候，媽媽並不高興，反而對他說：「如果不是我對你生氣，你也不會把錢借給你弟弟！」

他輕輕地向我訴說著，眼睛泛紅：「老師，我真的感覺很受傷……」

我靜靜地體驗著，輕輕地點點頭，用一種非語言的方式讓這個「受傷的自我」

加入我們的關係。

沒過一會兒，他接著說：「但是，我不喜歡自己這麼脆弱。我應該要做一個堅強的男人……可是，我努力地裝出若無其事的樣子，卻讓我感到精疲力竭。」

我再一次點點頭，帶著頑皮的微笑輕輕回應道：「嗯，嗯……那不是很有趣嗎？你努力地想去掉脆弱的你，認為『他』不應該出現；和『他』對抗，反而讓你精疲力竭了。」

他瞪大眼睛看著我，似懂非懂地點點頭，但能感覺到他的內在有些東西開始鬆動，慢慢地打開……

「我不想感受到受傷與脆弱，我要做一個堅強的人。」

兩個不同的面向，兩個相反的自我開始浮出水面。當啟動其中的一面去壓制另一面時，就發起了一場沒有倖存者的「內在戰爭」。

願我們能給所有這些不同的存在、不同的內在面向一個空間。

我做了一次深呼吸，把他的話輕輕地吸收進來。給這個不被接納的「受傷的自我」一個位置，給「他」深深的尊重和善意。然後，我溫和地看著他的眼睛，再一次輕輕地說道：「歡迎，歡迎……」

我邀請他做一次呼吸，放鬆下來，去連接身體的中心，用手輕輕地觸碰這個「受傷的自我」在體內的感覺，像撫摸最心愛的寵物一樣。

「在你身體裡這個地方，有一個非常重要的存在。『他』需要你的聆聽，他需要你把療癒帶給他。我確信他是有道理的，我確信他是有意義的……」我把所有的善意帶到他的身體中心，溫柔地對著他的內在說。

他漸漸地放鬆下來，流下了溫熱的淚水。我邀請他把手繼續放在連接著心的位置，並把成熟的愛帶到那裡，邀請他對身體中心的這個存在說：「我看到你了；我可以感覺到你；我接納你；我愛你。」我帶領他重複說著這幾句愛的「咒語」，一份美妙、靜謐、安詳的感受在我們之間打開。

我們靜靜地坐著，感受心大大地打開，出現了深深的平靜、連接、平安和完整。在這樣的體驗中，沒有戰爭，沒有掙扎。

最後，我邀請他把這種體驗帶回到他的家庭中，帶回到他的工作中，帶回到他跟孩子在一起的時光中，去好奇這樣一種連接和體驗如何讓他的生活變得不同，為生命帶來更多的輕鬆、更多的平靜、更多的享受。

◆ ◇ ◆

在我和這位來訪者見面之前，脆弱、傷痛也許被認為是怪獸般的存在，要把「他」鎖在地下室。現在，通過連接把「他」帶到人的關係之中，觸碰到人性的臨在[1]，在人類社區中「他」被賦予了正向的價值。

如果我們給脆弱、傷痛一個「內在的家」，讓內在的每一個面向觸碰到人性的臨在，那麼，脆弱、傷痛就可以轉化為資源。

在生命的河流裡，我們不可能避免受傷，但是可以選擇把人性的連接帶到傷痛之中，在這種高品質的連接裡，我們可以體驗到：**傷痛最深的地方不是傷痛，悲傷最深的地方也不是悲傷**，那是靈性發芽的地方，那是每一個人靈魂中最美的部分綻放在這個世界上的地方。

什麼是愛？愛是完整，而不是完美

關於什麼是愛，我們有很多不同的理解。

在生生不息催眠中，我們會說：完整，就是愛。

我們打開內在的空間，把生命中那些飄零的、閃閃發光的、流浪在這個星球支離破碎的靈魂碎片吸納進來，重新擁抱那些被推開的自我，歡迎「他們」回歸完整。

完整，就是愛。

這正是核心所在，不是針對生活中的具體事件，而是讓生命中每一個不同的自我逐步回歸到生命之中，讓完整的自我引導生命的改變。如同瑞士心理學家榮格

1 臨在（presence）：意指全神貫注地保持對身心的覺察，在當下的每一刻都能感到平靜與自在。

（Carl Jung）所說：「我情願是完整的，也不願是完美的，完整才會有創造力。」

催眠也有一個很美的定義：催眠，說明你把靈魂最美的部分，帶到這個世界。

藉由這一本書，我希望能夠帶給你這樣一份禮物——聽見靈魂深處的聲音，不需要再努力去掉「不好的、壞的」部分，而是輕柔地把生命裡每一個不同的部分回歸到完整，從完整進入世界，你就可以把和平帶到世界裡。

接下來，我將圍繞**潛意識**、**自我**、**關係**、**療癒傷痛**、**實現人生召喚**這五個方面，與你一起探索催眠的智慧，共同去建構一個完整的自己，及一個充滿創造力的生命。

第一章，我們會談到完整的智慧。智慧來自和相反面之間的對話，意識和潛意識之間，個人和集體之間，內在世界和外在世界之間，陰和陽之間……而催眠創造了一個空間，抱持矛盾對立的兩面，就像是陰和陽在一起時，便創造了萬物，完整的智慧和生生不息的創造力將會產生。

第二章，我們會談到如何聆聽潛意識中每一個自我的聲音，比如羞愧、強迫、憂鬱、創傷，這些症狀的到來是一個信號，而這個信號提醒我們，內在某些部分偏離了目前的生活道路。症狀召喚我們讓「那些重要的部分」重新回歸到生命的整體之中，並創造性地接納和應用，幫助我們朝向更美好的未來。當人們在生命的旅程中創造新的現實和更高的目標時，如果對潛意識帶來的信號、畫面、象徵不排斥也不抗拒，而是去連接與聆聽，那麼，我們就會充滿流動性和創造力。

第三章，我們會去洞見關係中更深的渴望。包含親子關係、親密關係、原生家庭關係、重要的同伴關係，每一種關係中都有著一個更深的渴望。聽不見的渴望，會枯死於內在之中，化為衝突、控制或者逃避；而當渴望被聆聽，成長和療癒就會發生。

第四章，將更深入地談到療癒這個話題。很多人都疑問療癒是不是要沒完沒了地一直挖掘傷痛，但其實並非如此。在催眠中，我們認為，回應傷痛的方式或者說我們和它的關係，決定了傷痛是一個問題，還是可以轉化為資源。四句神奇的「咒語」，能幫助我們將苦痛轉化為資源。

第五章，則會談到如何聽見生命深處的召喚。這也是往往讓人感觸最深的部分。

生而為人，你是否思考過，你來到這個世界的終極目標是什麼？談論終極目標是不是讓你感到迷茫？然而，如果你瞭解生命的召喚，你會生活得更加踏實，更加有方向、有力量、有活力。

◆◇◆

催眠，總是引起人們的誤解。有些人認為催眠意味著拿個懷錶晃一晃，一個人就可以被徹底操控；有些人認為催眠就是專治失眠，讓你沉沉睡過去。而實際上，催眠是心理學發源最早的一種療癒方法，就連佛洛伊德（Sigmund Freud）也會應用催眠。

現代催眠之父米爾頓・艾瑞克森（Milton H. Erickson）是一個傳奇，脊髓灰質炎（俗稱小兒麻痺症）的後遺症跟隨了艾瑞克森一輩子。他復發過幾次，七十歲後，每天早上醒來是他身體最疼痛的時候，通常要花五、六個小時來進行疼痛控制。

當時，艾瑞克森已經把主要的注意力放在教學和催眠的傳承上，他的許多學生都寄宿在他家裡。當他每天早上做完幾個小時的疼痛控制，開始新的一天時，他都會對學生們說：「每天醒來時，我都以為活不過今天，但現在，我已經準備好去享受新的一天。」「生命是用來享受的，無論人生有多艱難，你都得到了這份珍貴的禮物。如果你做出承諾要享受它，那麼就沒有人能把這個承諾剝奪。」

人生給予我們的一切，都是可以運用的，可以用於創造屬於自己的美好人生。無論你現在的生命體驗是什麼，它都可能是表層的一個小氣泡……在你內心深處，有一個比它更深層的波浪，記得用心去傾聽，並接受這個存在贈予你的禮物。期待和你一起遇見更完整的自己，踏上屬於你的英雄之旅。

第一章

走向內在和平

中心和世界，意識和潛意識，
內在和外在，個人和集體……
矛盾的兩端，同時被抱持在一個空間中，
是創造力的源始。

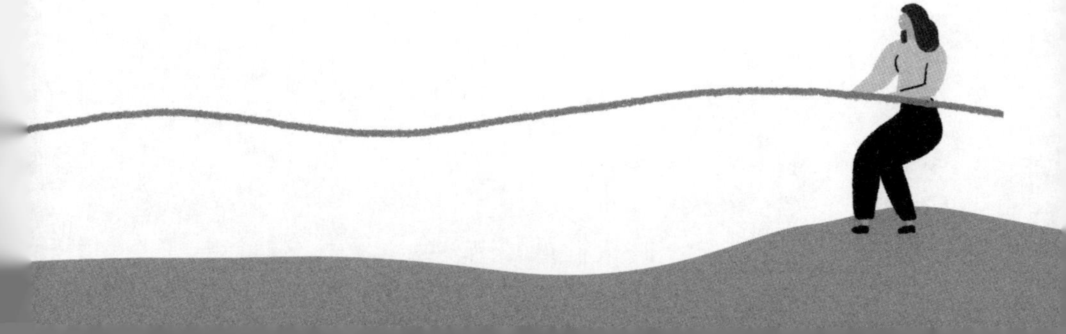

有一片田野，它位於
是非對錯的疆界之外。
我在那裡等你。

當靈魂躺臥在那片青草地上時，
世界的豐盛，遠超出能言的範圍。
觀念、言語，甚至像「你我」這樣的語句，
都變得毫無意義。

——魯米〈有一片田野〉

有一片田野，超越是非對錯之外

◆當我們立下一個目標時，它的相反面也會馬上成立

我的一位來訪者鄭文（書中的來訪者皆使用化名），經過多年打拚，公司發展到一個相當不錯的規模。但當他來找我做諮商時，他神情疲倦，雙手時不時揉搓著自己的太陽穴，眉頭緊鎖。

「我真的不好意思說這些話，很怕別人認為我瘋了……」他喃喃地說。

我說：「沒關係，這裡沒有其他人，你可以對我說嗎？」

他深深地做了一次呼吸，說：「我真的不想再做了，我想把公司收起來……你知道嗎？每天我開車來到公司樓下後，都需要在車裡做很多次深呼吸，鼓起勇氣才能到公司工作。我厭倦了，想放棄了！」

他繼續訴說著每天重複的工作無法激起他的熱情和興趣，虛無感和疲憊感瀰漫他的全身，什麼都不想幹了。

我一邊聽著，一邊打開身體中心，對鄭文內在體驗到「慢性疲勞」的部分說歡迎……我並沒有說話，只是打開好奇心，溫柔地調頻，和他內在的體驗共振，邀請他和我一起進入一種催眠狀態裡。接著，我問他，在這個「慢性疲勞」的地方，「他」需要的是什麼。

一個令人心痛的回答從他口中出現了：「我的身體和心都已經累垮了，現在我只想全然地放鬆。」沒過一會兒，他又加上一句：「但是工作對我很重要。」

目前為止，兩個相反的面向浮出水面，呈現在我們的空間裡。

• 我想全然地放鬆。

• 我想繼續打拚事業，帶領團隊，謀求更大的發展。

這兩者誰是真的，誰是假的？誰又在說謊呢？

這種兩難情境，也許我們每一個人都經歷過。像是：

• 我想練習我的興趣愛好，但是我沒時間。

• 我想專注投入，但是我經常拖延。

• 我想更加健康，但我總是熬夜。

• 我想減肥，但我總是吃很多的垃圾食物。

一旦我們想要達成一個目標的時候，它的相反面就會馬上成立。那麼，誰是真的，誰是假的？誰又在說謊？誰是重要的，誰是不重要的？誰是好的，誰又是壞的？

◆ ◇ ◆

對於鄭文的自我身分而言，這些互補性的需求——放鬆和工作——二者只能留一個，排斥、對抗，用暴力對待差異的一邊，於是內在的衝突就產生了。而在催眠的核心理念中，我們認為：

- 當相反的兩極不和諧時，問題和症狀就會發生。
- 當相反的兩極和諧時，生命就很美好。

如果我們創造一個催眠的空間，去抱持相反的兩面，讓它們平衡和整合，就會產生一種創造性的生活：「我可以享受自己的工作，也能放鬆下來。」在這一個完整的空間裡，意識心智[2]能夠跳出對於單一真相的執著，放掉緊抓的一邊，讓自己掉進創造性潛意識的大海中。在那裡一切事物都是流動的，我們可以創造一種全新的體驗，一

2 在佛洛伊德的精神分析理論中，意識心智包含了我們意識中的一切，包括感覺、感知、記憶和幻想等事物，使我們能夠以合理的方式進行思考。

個新的身分。然後，我們把它們帶到現實中，帶到工作和生活中，用以代替衝突的、分裂的自我體驗，並在完整的自我中引導改變發生。

◆每一個負面行為背後，都有一個正面動機

我的一位老師，美國NLP大學執行長羅伯特・迪爾茨（Robert Dilts）的故事，或許可以帶給我們啟發。

羅伯特的父親有非常嚴重的菸癮，幾十年以來，每日兩包，甚至被診斷出肺癌之後，他仍無法戒菸，依然每天吸兩包菸。

家人們對他的這種行為完全不能理解——因為繼續吸菸，就意味著死亡。任何理智尚存的人都應該選擇戒菸，但他偏偏做了最荒謬的事情，繼續吸菸，棄自己的生命於不顧。

羅伯特的內心焦急不已，但也深深明白，告訴父親吸菸有害健康，這樣的說辭無

法起任何作用，於是他邀請父親和他一起進行一個探索。

羅伯特和父親面對面坐下來。他引導父親說：「現在請你閉上眼睛，像平時抽菸那樣，拿起香菸，點著，意識到有一絲期待……將菸慢慢地靠近嘴巴，觸碰到嘴唇……深深地吸進去，再慢慢地吐出來，感覺到放鬆、放下……我邀請你比平時更慢一些，慢四、五倍，非常緩慢地做這套動作，重複幾次。體會每一個身體動作，每一口菸吸進身體裡的感受，以及你內心深處的悸動，並且去思考——若我的潛意識試著要帶給我一種重要的體驗，那會是什麼呢？我的身體告訴我一種深刻的需求，那是什麼？我可以對這個學習保持開放，聆聽身體的聲音……」

他的父親照做了，緩慢地做出拿起菸的姿勢，舉起、靠近、吐出煙圈，臉上露出慣常的愉悅和陶醉。他反覆地、慢慢地做著，突然說出了一句話，用低沉的聲音：「這是我唯一的，屬於自己的時間。」

頃刻間，羅伯特被父親菸癮背後的正向意圖深深觸動，他也完全理解了為什麼父親即使身患癌症，依然無法放棄吸菸。

在他的記憶中，父親一直很忙碌，他所在的行業競爭十分激烈，壓力很大，而每天回到家裡，他還要和母親一起照顧他們五個兄弟姐妹。於是，這個男人，在工作的競爭與家庭的牽扯之外，殘喘著找到了一個時間——那只屬於自己的、沒有任何人闖入的抽菸的片刻時光。「為了這種深刻的體驗和需求，我連命都可以不要。」羅伯特的父親帶著微微顫抖的聲音說。

每一個負面行為的背後，都有一個正面動機。每一片烏雲背後都發著金光。

- 抽菸，可以滿足我們放鬆、擁有個人空間的需求。
- 熬夜，是我們在為自己創造寧靜、不被打擾的時刻。
- 焦慮，提醒我們有些事情還沒有做好準備，要多做準備，面對未知。
- 失眠，是內在有一個部分想要醒著，想要得到一些資訊才可以安心、放下。

這些表面看起來負面的、有損我們身心健康的行為，背後都有一個正面動機，滿足著潛意識的需求。但是，這些有著正面動機的負面行為模式，並沒有真正在意識的現實世界為我們帶來正向的好處。

- 吸菸可以帶來放鬆，卻危害我們的健康。
- 熬夜能換來片刻的寧靜，卻讓我們積累更多的身心壓力。

心理學家榮格說，潛意識總是試著找到平衡。

為了平衡我們充滿壓力的緊繃狀態，讓我們可以放鬆下來，於是潛意識創造了一個吸菸上癮的負面模式。然而，潛意識並不知道，在意識的現實世界裡吸菸是危害健康的。

為了讓我們能夠轉化一個負面模式，比如戒菸，我們首先要去聆聽潛意識的需求，也許是放鬆，也許是更多地回歸到內在的空間，也許是和自己有更多連接……我們必須在正向的情境之下[3]抱持兩者——抽菸帶來的好處 vs 戒菸帶來的好處。矛盾的兩者

3 催眠即是一種在正向的情境中，給我們潛意識下達指令，以改變我們潛意識的不良產物。

需要在一個正向的空間中被聆聽、被瞭解，同時，我們會看到兩者都是有價值的，兩者都擁有獨特的意義和道理。

在一個沒有二元對立的地方，一個更大的、整體的創造性潛意識海洋裡，解除意識框架的限制，並允許潛意識的智慧自然呈現，探索更多放鬆的可能性……或許是童年靜靜地看著螞蟻搬家的畫面；或者是某一次夕陽下漫步的體驗；或者是寬廣無垠的天空……我們可以領受創造性潛意識的饋贈，然後用意識的頭腦翻譯出現實世界裡的一個新模式，一個正向的行為，用以滿足我們內在的需求。

◆有兩種眞相：膚淺的眞相和深刻的眞相

量子物理學家尼爾斯・波耳（Niels Bohr）曾說過有兩種真相：膚淺的真相和深刻的真相。在膚淺的真相裡，真實的對立面是虛假；在深刻的真相裡，真實的對立面也是真實。

當羅伯特的父親被診斷出癌症後，對他來說，膚淺的真相就是吸菸是「壞的」，戒菸是「好的」，二者是對立的兩面。但是，在深刻的真相裡，吸菸對羅伯特的父親而言隱含著深層的正面動機，意味著「唯一屬於自己的時間」，這時，吸菸是「好的」，戒菸也是「好的」，對立的兩面都成立。

所以，我們要做的一件事情就是，創造一個空間，抱持對立的兩面，讓兩者同盟，彼此貢獻，使每一個部分都成為創造性團隊的成員，並將其整合到一個更深層的整體之中，創造一種和諧的、高品質的身分狀態，引導併發展出正向的模式。

當互補的兩面同時在一個正向場景中被啟動時，好的事情就會發生。

看到這裡，你不妨覺察一下自己此刻的感受和體驗是否有一些改變。

有一位猶太教的神父，常將雙手插在口袋裡，人們好奇地問道：「神父，你手裡捏著什麼寶貝呢，能不能讓我們看一下？」

神父把左手從口袋裡伸出來，上面寫著：「我是上帝，我是神，我是一切。」神父又把右手伸出來，打開，手上面寫著：「我是沙，我是塵土，我什麼也不是。」

神父繼續說：「我需要把它們緊緊地捏在手心，提醒我，我是兩者。」

完整的自我，其中一個認知是：我是○○，我也是○○，我是兩者，同時，我還有其他的，很多很多……比如：「我是自信的，我也是自卑的，我是兩者，同時，我還有其他的，很多很多……」「我是勇敢的，我也是懦弱的；我是真實的，我也是虛偽的；我是付出的，我也是自私的；我是兩者，我還有其他的，很多很多……」

在催眠狀態正向的情境中，同時體驗兩者，體驗每一個不同的面向，包含孩童的自己，成年的自己，一萬歲的自己；過去的自己，現在的自己，未來可能的自己，將他們放在同樣的高度上予以尊重。

如榮格所說，我情願是完整的，也不願是完美的。因為，完整才有創造力。就像陰和陽，同時存在一個空間裡，而這樣的完整創造了萬物。

在接下來的這一章裡，我們將更加具體地探索，如何在不同的維度體驗「完整」。這是我多年在教學和個案工作中的領悟、體驗，經過不斷總結、簡化、提煉，將從中心與世界、意識與潛意識、內在世界與外在世界、個人意識與集體意識之間這四個方面，探討如何在看似矛盾對立的兩者中找到彼此的價值，互相對話、做出貢獻。

當你讀完這一章，回到你的生活、工作、關係中，如果你還是下面這樣的狀態：

- 你想享受每一天，卻體驗到生氣、無助。
- 你想投入工作中，卻總是拖延、分心。
- 你想在關係中放鬆，卻總是爭吵不休。

那麼，你可以運用你學到的理念和技能，幫助自己在矛盾、衝突和混亂中待一會兒，並打開一個非二元對立的有創造性流動的空間，探索更多的可能性，找到更多的選擇，過上你想要的美好生活。

轉化的可能不在問題中，也不在目標上，而在問題與目標之間的場域裡。願我們一起體驗這種更深刻的真相。

中心vs世界：學會在確定性與不確定性之間跳舞

一張塔羅牌帶來的啓示

十幾年間，我已經舉辦十屆應用心理學大會。

回想起剛開始的時候，我戰戰兢兢，如履薄冰，對如何舉辦五百多人的三天活動一無所知，從邀請演講者到足夠人數的參與者、大會流程、效果、成本……

大會進行期間，我一直處在高度緊張和焦慮中，直到第三天早上，賴佩霞老師敞開心扉地分享了她與母親和解的成長經歷，深深地打動了現場所有人。感受著會場每一個人的心打開後，溫暖的情感流淌著，我鬆了一口氣，終於，這次冒險的旅程沒有以失敗告終。我暗暗慶幸又過了一關，大會是成功的，然後在心裡祈禱著我職業生涯的成功從這裡起航，一步一臺階，從此刻開始，一帆風順。

在接下來的活動中，我的好朋友，來自法國的阿斯卡，讓現場的參與者每人抽一張塔羅牌，並在心裡想著未來生命中一件重要的事情，然後翻開牌，感受牌義會對這件事情帶來怎樣的啟示。

我感受著現場熱烈的氣氛，想著未來自己的公司、職業生涯中的發展和成功，然後翻牌，牌面上寫著：「順應生命的河流，不抵抗。」我忍不住笑出聲來，突然間醒悟，我竟然無意間要去控制生命中的自然發生，希望用外在事物的確定性來對抗生命的無常變化。這不就是我常常和學生們講的靈性繞道[4]的「逃避反應」嗎？

「如果有一天……我就……」，這是很多人經常會冒出的想法。

4 靈性繞道（spiritual bypassing）：意即使用靈性觀念和實踐來迴避未解決的情感問題、心理創傷和未完成的發展任務，用來避免或擺脫生活中令人不安的問題。

如果他理解我更多，我就開心了；如果我有更多的錢，我就放鬆了；如果我父母更愛我，我就幸福了……為了逃開內心深處的不安、恐懼、不確定性，人們會無意識地緊緊抓住周遭的一切。我們以為達到了心目中所謂的確定性，生活就會好，然而，害怕不確定性反而會導致不確定性。

我們爲了達到確定性的努力，反而導致了不確定性

我們生活於一個快速變化的時代，在我連續十年舉辦的應用心理學大會中，最近三年的主題都與不確定性有關，而且大多數參與者回饋這是吸引他們來參加的契機。在談論不確定性之前，我們必須很坦誠地回答一個問題：為什麼我們害怕不確定性呢？

我想答案是，因為我們需要某種穩定力，來面對和處理生活中的事務。

常見的方式卻是：我們在一個特定的情境，在此關係中、工作中，保持神經肌

肉筋膜緊繃的狀態。我們緊緊抓住僵化的信仰或信念——希望愛人永遠如我想像中的方式去愛我，並且保持不變；希望事業的發展保持穩定。我們假設藉由過去的經驗，能預測未來發生的事情。

這種神經肌肉筋膜緊繃的狀態，其背後的正面動機是：以為這樣做就會提供我們所需的穩定力和確定性。動機是好的，但緊繃狀態下所產生的結果往往是負面的。

不知道你是否有這樣的體驗，當你想要探尋某種確定性時，你發現需要付出很多能量去維持這份確定感，任何微小的變化都可能會讓你感到焦慮、不安；你得到了確定性，但也錯過了很多不一樣的選擇和風景。你發現自己不斷地在同一種模式裡打轉，變得越來越僵化，失去流動性和創造力，只能指責和抱怨。

艾瑞克森說：「人們之所以製造問題是因為僵化。」我們卡在僵化的狀態中，會緊緊鎖上固化的身分、限制性的信念、單一的價值觀。像是：

- 我這個人就是這樣的。
- 這個目標是無法實現的。

・工作最重要的是穩定。

人們對確定性上癮，那麼就註定像機器一樣固定地運作，而不會成為創造者。

回想起二十八年前，在一次出差途中，計程車師傅和我聊天，瞭解到我的工資有三千多元（約台幣一萬三千元），他嚴肅認真地對我說：「年輕人，千萬不要換工作，拿這個工資要一直做到退休。」今天回想起來，他的善意不禁讓我啞然失笑。

不是什麼都需要百分百確定，我們可以帶著身體中心的穩定去觸碰每一個不確定的部分，擁抱不確定性的回報，會更有創造力和可能性。那麼，要如何抱持確定性與不確定性這兩者呢？我想藉由一個朋友的經歷，來與你分享。

前段時間朋友打給我一通電話，訴說自己的煩惱。他說遇到了一個能夠一起投入生命探索，擁有許多共同話題的女性。他堅信不疑對方就是他的靈魂伴侶，於是他毅然決然地和妻子離婚，開始一段新的婚姻，並組建起新的家庭。

他滿心歡喜地希望和新伴侶探尋生命的真相，過上和世俗截然不同的生活。但隨著兩個女兒相繼出生，他漸漸發現，那個曾經全力和他一起探索生命真相的伴侶，變成了一個要照顧兩個孩子的母親。他覺得自己很孤獨，和伴侶失去了以前那種心靈的深層連結。他知道自己應該和妻子融入平凡的生活之中，但又擔心平常的、瑣碎的家庭生活會阻礙他的修行以及對生命的探尋。

他訴說著他的困擾，也隱隱覺得自己卡在一個舊模式裡打轉。

我問：「你希望我聽你分享，還是提供你建議呢？」他說：「兩者。」

「那你覺得我聆聽的部分足夠了嗎？」

電話那頭傳來一些笑聲：「我覺得足夠了。」

我繼續問道：「你可以告訴我，在你的生命中，什麼對你來說是最重要的？」

他回答：「在生命中尋求追求真相，找到心靈充分的自由。只要找到真相，哪怕充滿險阻磨難，我也可以承受。」

「假如有一天，你找到了生命終極的真相，這會為你帶來什麼？」

他沉默了許久，說了幾個不同的答案，但感覺都回答不了這個問題。突然間，他如夢初醒地說：「原來我想瞭解一切真相，是希望對生命有更多的確定性。」

「很高興知道這一點。」我回應他說，「在你的生命中需要確定性……這很重要，這很重要，這是有道理的……」

我邀請他做一次呼吸，給這種內在的需要一個空間。

然後，我繼續引導著他，一起去探索：「除了瞭解到你需要確定性，同時，還有另外一個面向，聽起來你無法融入你認為平常的生活，那麼，假如你讓自己融入，你害怕些什麼？」

「我害怕浪費時間，讓我無法探索生命中那些重要的事情。」我的直覺告訴我，這不是最深層的答案，於是繼續追問：「然後呢？你真正害怕的是什麼？」

他沉默了一會兒，聲音響起：「我害怕失控。」

他的回答引起了我的共鳴，我們靜靜地在這種連接中待了一會兒。

「我邀請你做一次呼吸，把你的善意帶到這個感覺害怕失控的地方。我想對這個害怕的存在說，嗨，歡迎……我確信『他』是有道理的，歡迎……」我帶領他去感受身體裡這個能量升起的地方，把人性的臨在帶回到這個身體中心。

「我只是好奇，在你身體裡的哪個地方，最容易感受到害怕失控的感覺？」

他靜靜地感受了一下，告訴我在心的位置。我讓他用手輕輕地觸碰這個能量的身體中心，把他成熟的愛帶到這個地方，和身體中心一起呼吸。

我邀請他一隻手連接身體的中心，另一隻手向世界打開……在這個身體的姿勢裡待一會兒，去感受和學習——如何調頻連接身體中心的穩定性，並從中心進入無常變化的世界。

面對生命的挑戰，我們會一再地失去和身體中心的連接，迷失於對外在世界的控制中。但同樣地，我們可以一次次練習，帶著氣的流動、放鬆，回歸中心，然後再向世界敞開。練習同時擁抱兩者，並且學會在確定性與不確定性的邊界之間跳舞。

最後，他帶著幡然醒悟的感覺說：「原來真正的穩定感不是任何外物，而是在身心之中……我害怕投入到平常的家庭中，那些瑣碎的事務會讓我失控。我不顧一切地追求生命的終極真相，是為了對生命有更多的掌控感和確定性。原來，我害怕生命裡的不確定性，所以才想緊緊抓住某些東西。」

◆連接身體中心，在確定性與不確定性之間跳舞

如何在身體中心的穩定性和世界的變化之間學會跳舞、流動和享受，讓我們的生命充滿無限的創造力？

第一，**我們要知道確定性是相對的，不確定性是絕對的，兩者都是生命的真相。**古希臘哲學家赫拉克利特（Herakleitus）有一句名言：「人不能兩次踏入同一條河流。」認為萬物都處在變化之中。一切事物都是無常的。無常才是恆常。

從創造力的角度，我們需要以下兩者：連接身體中心的穩定性；並且帶著正向意圖的專注力，進入不確定性的世界之中。

第二，**提高連接身體中心的能力，培養內在的確定性，以應對外界的不確定，而不是把選擇權交給外界，一味地向外尋求確定感。**

在催眠中，我們強調連接身體中心的重要性。

身體的中心點不僅僅是物理性的，也是心理性的。當我們在腹部丹田和心臟附

近的位置，感受到自己身體有一個中心點的時候，通過連接這個中心點，可以調頻我們的專注力，使之與行動互相連接，同時，持續地圍繞著這個中心點保持連貫行動。

回歸到身體中心會帶給我們深深的穩定感，讓意識帶著放鬆的專注開始流動，使得我們有能力與問題同在，但又不會掉到問題裡。

第三，擁抱不確定性，放鬆自己，你有能力在問題與混亂裡待一會兒。通過連接身體中心，就算是在極度困難的深水裡，你都可以保持穩定的覺察以及自我連接，能夠在流動的、變化的海洋裡學會游泳；讓你生生不息的生命力在無常變化的世界裡跳舞。

在通往有創造性的道路上，無論是事業、關係、健康、內心狀態，都需要在確定性和不確定性、穩定和流動這矛盾的兩端之間尋求平衡。矛盾的兩端同時被抱持在一個空間中，就是創造力的源始。

意識 vs 潛意識：讓潛意識主宰你的命運，這句話只對了一半

◆潛意識蘊藏無限可能性，但並不是一個完整的心智系統

兒子已經二十二歲，此刻他正坐在書桌前，做著大學裡電腦程式設計的功課。偶爾，他會和我說兩句他對通過科技改變生活方式的熱情。看著兒子的身影，我不禁回想起初生時的他，那個兩三個月大的小嬰兒，每隔三個小時就哭一次，告訴我們，他餓了。

那時儘管他還沒學會任何溝通語言和技巧，但他的潛意識會驅動他發出信號，提醒有意識的成人們要餵奶了。當我拿起奶瓶在他面前晃的時候，他的眼睛亮晶晶

的，跟隨著奶瓶移動。等到暢快地喝完奶，他會心滿意足地咂咂嘴，露出甜美的笑容，身體完全放鬆，剛剛的躁動和情緒張力轉眼消失不見。

孩子，就像潛意識的存在，充滿各種流動性，對一切事物敞開心胸，和萬事萬物融合在一起。一個孩子每天起碼體驗N次宇宙中所有的能量，這一秒還在哭，下一秒就笑了，接著可能開始專注好奇於每一種驚奇的事物。

潛意識代表著擁有任何可能性、無序性。對應到我們的生活中，潛意識觸發我們產生強烈的欲望和衝動，以及天馬行空的想像，推動著我們去做一些不合理甚至令人匪夷所思的事情。那些你想做卻做不到，不想做又控制不了的行為、想法和感受，大多是受到了潛意識的影響。

佛洛伊德曾把潛意識比喻作一匹馬，馬擁有強大的力量，但是如果沒有一個人有意識地駕馭牠，馬就只能在草原上脫韁狂奔，而無法幫助我們到達目的地。

潛意識並不是一個完整的心智系統，並非某些常見的誤解那樣——只要「信任你的潛意識」，就可以獲得成功或快樂。潛意識不是獨立的智慧，它是多層次系統的一部分。

如果只有潛意識，就無法在現實的世界裡為我們創造具體的、真實存在的東西。就像一個孩子，有無窮的想像力和創造力，但他的弱項是缺乏自我覺察。他無法分析具體的情況，快速地制定方案，比較和選擇一個更好的策略，並持續地付諸行動，因此無法創造出具體的現實。

◆
◊
◆

記得幾年前，一位三十多歲的單親媽媽來到我的諮商室。她剛坐下，還沒有開始說話就號啕大哭起來，擦眼淚的紙巾像棉花一樣散落滿地。我靜靜地感受著，三十分鐘過去了我都無法插話。

突然，她停止哭聲望向我，帶著一種命令的語氣說：「每天晚上我都睡不著，覺得很孤單、很害怕，現在你是我的諮商師了，如果我晚上睡不著，我就打電話給你！」我內心愕然，然後溫柔又帶點頑皮地對她說：「很抱歉聽到妳的狀態不太好，但是，我們這裡沒有外送。」

她聽我說完，哈哈大笑起來……大笑過後，她恢復了平和的表情、狀態，儘管淚水還殘留在臉上，但好像突然長大了一點點，從一種像是孩子哭鬧的狀態，回到帶點自我覺察的成人狀態。

我堅定又專注地看著她，帶著鼓勵的語氣說：「能夠長大很好……能夠作為一個成年人去照顧自己內在的需要，這很好。」

接下來的諮商過程中，每一次她退化掉入嬰兒一樣的無意識狀態時，我都會邀請她把成人的自我覺察意識帶進來。我們在兩者之間的邊界上徘徊。諮商結束的時候，我很明顯地從她的表情中，感受到她有了更多的勇氣和力量。

「如果你讓自我覺察的成人意識離開自己，那將是無盡的受苦時刻。」我的老師史蒂芬・吉利根博士（PhD. Stephen Gilligan）常常這樣教導學生們。

只有動物性的潛意識能量和表達，沒有自我覺察的意識在場，那麼，內在的不同面向在人類的社區[5]裡就無法被賦予人文的價值，這會給我們帶來情緒氾濫、憂鬱、冷漠和成癮。

如果只有意識的孤立，而沒有聆聽潛意識的聲音，那麼，我們就會像機器一樣運作，變得僵化和教條主義，並且帶來更多的對抗和固執。

潛意識與意識力量的整合，才能使一個人迸發出生生不息的創造力。那麼，該如何將這兩部分力量整合呢？

◆意識與潛意識的關係，決定了不同的人生狀態

神話學家約瑟夫・坎貝爾（Joseph Campbell）關於人生三段旅程的描述，可以更進一步讓我們理解意識和潛意識的特性以及整合過程。坎貝爾認為，雖然每個人的生命旅程都是獨一無二的，但人的生命歷程蘊含著相同的底層結構，每個人的生命都會經歷「花園—荒原—花園」的旅程。

第一段生命旅程——**花園的人生**，通常指我們剛剛來到這個世界上，還是孩童時，我們天真、好奇，對萬事萬物敞開心房，與一切事物融合。

不知道你是否還記得童年時光裡，放肆玩樂的狀態？在運動場上、在田野裡奔跑……忘記了時間和空間的存在，彷彿與天地融為一體。我們對世界充滿驚奇，跪在地上看螞蟻搬家，仰望天空中閃耀的星辰，爬樹捅鳥窩……我們對一切事物都感到新鮮，無窮的好奇心讓我們樂此不疲。

花園的人生，代表創造性的潛意識心智，它是先行的，在我們的意識覺知到它之前，它就已然存在，它超越了時間和空間的維度，沒有具體的、真實的物質形態，但是孕育著無限的潛力。

正如吉利根博士所說，潛意識是一個為了人們的創造性改變而存在的無限潛力的場域，因為潛意識可以「無中生有」——當現實世界裡一種特定的模式失效時，你的潛意識裡攜帶著其他可能的方法去克服和面對這個挑戰。

---

5 社區：共享相似的價值觀或文化的人群，居住於同一區域，以及衍生出的互動影響，因而聚集在一起的社會單位。

比如，在親密關係中，也許很多人從意識心智中理解到的愛就是：如果這個人照顧我，給我更多支持，更關心我、理解我，我就會更多地感覺到被愛。然後我們會發現，隨著時間的推移，這種對愛的固化的理解方式、僵化的模式、單一的定義會製造很多問題和不快樂。

只要我們進入親密關係，隨著關係的深入和時間的推移，一切都處於變化之中。曾經對我們有效的方式，遲早都會產生改變。我們常常會聽到人們說：「我感覺他變了，我感覺不被理解，我感覺不到被愛了。」

這個時候，曾經在關係中親密的體驗，失去了連接。不過，不必絕望，因為潛意識裡有許多關於親密的不同模式，等待我們探索和發現。在意識的世界裡，我們只是認同了許多親密模式中的其中一種；然而，在創造性潛意識裡，無數其他的可能性將同時被呈現出來。催眠是一個工具，你可以用它來啟動這些新的模式。在催眠裡，你可以安全地放下舊有的模式，發現新的親密關係方式。

生命每一次遇到挑戰時，在創造性潛意識的場域裡已經準備好了諸多可能性，幫助我們創造新的現實。

雖然在潛意識這個無限可能性的場域之中，萬物皆存在著可能，但到目前為止，如果沒有自我意識的覺察把它變成現實，那不過是白日夢。因此，在自我實現的道路上，我們需要意識心智。通過意識心智的翻譯，我們可以把這些新的可能性運用到現實世界。

意識心智通常是用來管理和控制的。它是語言、邏輯、線性的，用於設定目標、保持連貫行動、創造秩序、專注於控制和預測未來……它是生活的一個重要工具，幫助我們合理地過每一天的生活，然後可靠地重複我們以前所做過的事情。

意識心智是一個有自我覺察的地方，但不是「無中生有」，充滿無限可能性和創造力的地方。

我們如果緊鎖在意識心智裡，就來到了坎貝爾描述的第二段生命旅程，也就是**荒原的人生**。隨著我們逐漸成長，從父母的期待、他人的眼光、社會的教育中，自我意識慢慢形成，這時候，我們往往變得過度思考，卡在頭腦狹小的空間裡打轉，對生命的驚奇失去了好奇心，習慣用過度思慮的方式去代替真正的生活體驗。

在成人的世界裡，有問題，意味著要思考更多。這種「便秘式」的思考方式讓我們的頭腦和身體解離，關閉了意識和潛意識之間的通道，也讓我們無法再聆聽、連接潛意識更多的可能性和智慧，甚至失去了創造力，於同一種負面模式或負面情緒裡重複、打轉。

在荒原的人生中，充斥著抱怨、指責、成癮，人們沉溺於情緒氾濫或是藥物，不停翻看手機，和真正的生命體驗失去了連接。

◆意識與潛意識的整合，讓我們重新回歸生命的花園

我依然記得，有一位家長帶著孩子來到我的諮商室，她認為孩子有太多問題，愛玩、調皮、不用功學習……她對我說，她希望兒子可以成為一個有責任感、努力上進的人。

我微笑著回應這位家長：「我也想邀請妳，在有著這個願望的同時，不要

扼殺了孩子的天真。」

這正是我們的第三段生命旅程，意識整合之旅的含義，也就是坎貝爾所說的**重新回歸到花園的人生**。然而，此花園已非第一段生命旅程中的花園。

這個花園是什麼呢？——帶著成人成熟的自我意識和孩子般天真、流動、富有創造力的潛意識，連接、整合、互補，彼此貢獻。

如果只是停留在潛意識的無限可能性，不過是做夢；如果沒有意識的參與，在現實世界中無法產生任何結果；同樣，如果只是停留在意識心智，就會變得僵化，沒有流動性，失去創造力。

要想在生命中跨越挑戰，夢想成真，就需要創造性地運用來自潛意識的可能性，同時運用意識心智，去設定目標、保持行動、創造意義。

兩者之間互補，彼此帶來貢獻，更完整的智慧就得以產生，創造力正是來自意識和潛意識兩者之間的對話。

那麼，具體該如何操作呢？我會分別通過親密關係和親子關係來分享。

首先，如何運用意識和潛意識的整合，創造一種新的關係模式？你不妨試著跟隨以下步驟：

第一步，我們需要創造一個場域，放掉意識頭腦裡單一固化的模式，並轉變為正念臨在的意識。

在催眠裡我們的做法是，邀請你從思考的頭腦調頻到呼吸上。專注呼吸……放鬆……帶著放鬆的專注根植于大地。安住在當下，然後連接身體的中心，並從中心向更大的場域打開，在這裡打開一個創造性的場域……允許潛意識的流動，而不是陷入緊縮的狀態裡。

因此，第一步的重點是將注意力從思考轉移到呼吸上。

第二步，是在意識心智裡，設定一個正向意圖——比方說，「在我的生命裡，我最想創造的親密關係是……」接著輕柔地擁抱這個正向意圖，把正向意圖的種子帶進內心的狀態裡。

第三步，帶著好奇心在潛意識的無限可能性裡，用信任代替控制，等待更大的智慧，它來自比頭腦更深的地方。在我們的潛意識裡，關於愛有很多不同表達的形式和意義，不同的畫面、象徵……如果有一個不同的畫面、象徵、意義，引起你的共鳴，那麼，把它帶到你的意識頭腦裡，並在你的關係中去好奇如何重新創造關於愛的體驗、愛的意義、愛的關係。

◆ ◇ ◆

親子關係也是如此。與一個八歲孩子的關係模式，顯然不適用於青春期十八歲的青少年。在我兒子十八歲時，我們從以我為主導的「我說你聽、我說你做」的垂直關係模式，轉變為同盟、合作、朋友般的平衡關係模式。

我為我自己做的催眠練習如下：

第一步，放下意識裡舊的關係模式，打開創造性的空間，允許潛意識流動。

第二步，在意識層面設定正向意圖：「在我和孩子的關係裡，我最想創造的是，放鬆和信任。」

第三步，在催眠裡整合新的「關係自我」的身分地圖。

如今兒子已經二十二歲了，我們成為無所不談的朋友。

這也是催眠帶給我們最美的一份禮物。當我們進入催眠狀態時，我們將在意識的現實世界裡退後一步，放下固有的身分地圖，接著向創造性潛意識打開，編織新的現實地圖，並通過意識心智應用到日常生活裡。

催眠的工作就像是一座橋樑，連接無限可能性和具體現實兩個世界。轉化，發生在橋樑之間。當然，這不是一個一蹴可幾的過程，也請給自己多一些理解和練習的時間。

祝願你通過接下來的內容和練習，熟練意識與潛意識生生不息的合作和對話，彼此貢獻，夢想成真。

內在vs外在：兩個世界，兩種改變法則

◆內在世界，外在世界，對應著兩種完全不同的改變法則

我們慢慢地長大，當我們進入成人世界時，就不可避免地被賦予了許多角色：

- 在公司扮演好管理者的角色。
- 在課堂裡扮演好老師的角色。
- 在助人工作裡做好諮商師的角色。
- 在親密關係中做好丈夫、妻子的角色。
- 在親子關係裡做好爸爸、媽媽的角色。

這一個個角色，幫助我們在特定的地方創造外在的現實。

外在世界是一個三維空間，是講求行動、效率和成果的地方。如果我想在外在世界有所成就，自然需要設定目標，有策略，做計畫，行動並創造結果。若是結果不如意，就需要重新策劃，改變自己的行動方案，再一次朝著目標努力。外在世界，是一個努力的世界。

這也意味著，我們需要扮演好自己的每一個角色，像是：

- 業務能力強，我們才能獲得更高的工資。
- 分數高，才能進入理想的學校。
- 做個好爸爸或好媽媽，才能給孩子恰當的照顧。

這些於外在世界是成立的，也是必要的。

但是，除了外在世界，我們還活在另一個世界：內在世界。內在世界的運作法則與外在世界截然不同。

於外在世界，當我們遇到問題，或創造新的目標時，需要付出努力和行動；而對於內在世界，當我們遇到內在的「障礙」或者期望得到內在的療癒、改變時，恰恰需要相反的方式：**一種不努力的、不用力的方式，一種「不改變」的改變方式**。

看到這裡，你可能會感到疑惑，為什麼需要相反的方式呢？

你不妨回想一下，在生活中有沒有這樣的體驗。你很想改變某個外在行為，當你沒有成功做到時，內心有些著急，甚至會責怪自己。儘管你在心裡告訴自己不要著急、不要自責，但這反而讓你更加無法平靜。

最常見的例子，是在失眠時，睡不著覺會讓我們心煩意亂，這時候越是想努力趕走這份浮躁，反而越焦灼。

吉利根博士是第三代催眠——生生不息催眠的創始人。他曾經與我們分享，他已經從事心理學教學和心理諮商超過四十年，但每一次做個案或分享課程時，仍舊會產生自我懷疑：「這樣做有效嗎？」「這樣做對個案有幫助嗎？」

無論在專業上多麼精進，取得多大的成功，這種自我懷疑的聲音從來沒有停止過。現在他快七十歲了，已經不再拒絕這些聲音，因為自我懷疑是生命旅程中完整的一部分，我們唯一能夠做的是，將自我懷疑歸納到生命的整體之中，帶著一個完整的自我朝向生命的每一天。

然而，當我們誤用應對外在世界的努力和效率，來處理內在世界的「問題」時，我們頭腦的「聰明」往往就會非常討厭內在那個「不聰明」的自己。頭腦的「聰明」會想盡辦法去掉內在「不夠聰明」與「不夠好」的部分。

這樣的努力，使我們對內在那個不夠聰明、不夠好的自己施加了更多壓力，變得越來越緊繃、越來越焦躁、失去耐心、想要放棄、責怪自己，也責怪他人，責怪這個世界，進入一個惡性循環之中。

對待內在負面的聲音，我們可以像魯米的一首詩〈客棧〉所寫的那樣：

做人就像是一家客棧，
每一個早晨，都是一位新到的客人。
喜悅、沮喪、卑鄙，

一瞬間的覺悟來臨，
就像一位不速之客。
歡迎和招待每一位客人！
即使他們是一群悲傷之徒，
來掃蕩你的客房，將傢俱一掃而光，
但你還是要款待每一位賓客。
他或許是在為你打掃，給你帶來新的歡樂。
即便是陰暗的思想、羞恥和怨恨，
你也要在門前笑臉相迎，
邀請他們進來。
無論誰來，都要感激，
因為每一位都是世外派來指引你的嚮導。

或許這一刻，光臨你內心客棧的是「我不夠好」的聲音，是自卑挫敗，或是自我懷疑。無論是什麼，如果你可以友善地對待內在的那個「他／她」，和「他／她」喝茶，和「他／她」跳舞，把人性的連接重新帶回到「他／她」那裡，那將會帶給你意想不到的禮物。

◆◇◆

瑪莎．葛蘭姆（Martha Graham）是一位非常有名的現代舞舞蹈家。

有一次，一個學生問她：「老師，我怎樣才可以做得比別人更好？」

她回答說：「你根本問了一個錯誤的問題，如果你覺得你比別人好，這是錯的。如果你覺得你比別人差，這也是錯的。你唯一需要去做的就是聆聽內心的聲音，跳自己的舞蹈。」

葛蘭姆還說：「打開你身心的管道，讓一切的生機、能量經過你，流過你。如果你鎖上了，完整的自我就會遺失，再也無法在這個世界上遇見完整的自己；如果你敞開自己，生機、能量則會變成你獨一無二的表達，呈現在這個世界上。這個時候，與別人比較起來，好一點還是差一點，已經完全不重要了。」

因此，我常常對學生們說，與其追求一個更好的自己，不如成為完整的自己。成為完整的自己，不是要比別人更好一點，而是聆聽內心深處的聲音，把內在害怕的、脆弱的、「不夠好」、「不夠聰明」的部分帶回到真實之中，而不是用頭腦「聰明」的、用力的、有為的、有效率的東西去壓抑這些人性裡的生命能量。

如葛蘭姆所說，打開身心的管道，連接、抱持那些被排斥的自我，重新把「他」帶回到生命中，在完整的自我中引導真正的改變發生。

◆內在的改變與療癒是緩慢的

從某個方面來說，人類生命意識進化的歷程中，有些事情的發展是緩慢的。比如兩性關係的問題，從人類有婚姻、有親密關係開始，每一代人都需要面對「什麼是親密？什麼是愛？什麼是信任、懷疑、背叛、受傷？」等問題。

這些問題在每一代人、每一段關係中都經歷著，而且這些問題並沒有像科技發展那樣日新月異，短時間就獲得巨大進化。內在成長療癒的過程進展得如此緩慢，內在的傷痛，這份難以承受的脆弱，它是不能戴上效率這一頂帽子的。

想像一下，如果你的傷口被完全打開，失去了保護，暴露於曠野和烈日之下，這樣的畫面是讓人震驚的。所以，越痛，越需要溫柔，輕柔地打開，慢慢地超越。

下一次，在內心出現「我不夠好、我總是搞砸」的聲音時，不要斷開和內在那個「他」的連接，也不要嘗試去攻擊他，而是和他一起，對他友善。

你可以找個安靜的地方，呼吸放鬆，並安頓下來，去感受在身體裡哪個地方最容易感受到「他」的存在？把你的手輕輕地放在能量升起的那個地方，像觸摸最心愛的寵物一樣……把善意帶到那裡，對「他」說：「嗨，你好，歡迎……」把他邀請進來，聆聽他、理解他，給他一個內在的家，把你成熟的愛帶到他那裡，並且在這種連接裡待一會。

當這樣抱持著人性的感受時，生命的柔軟、流動，藝術般的轉化將會隨之而來。還記得我觀看畢卡索的畫展時，驚嘆於畢卡索的才華，也感慨於人們對於跨時代的藝術依然有著如此多共鳴和感動。後來我明白，原來將人性的連接帶到還未被人性化的地方，將意識的閃耀帶到無意識之中，將原型的象徵賦予人文的表達，就是藝術。而這，也是成長、療癒和改變的藝術。

生命並不只是頭腦、智力上的遊戲，生命是藝術。

生命是一段創造性的旅途。無論我們在旅途中遇到什麼，都可以創造性地應用它，幫助我們創造新的現實。

我們得到這個宇宙中最偉大的饋贈，擁有人的生命，擁有人類的神經系統。可以在內在和外在世界之間穿梭，並找到一個甜蜜的平衡，幫助我們創造幸福、美滿、健康、成功的人生。

個人vs集體：把集體的傷痛個人化，終將不堪重負

◆把人類普世的問題與挑戰個人化，終會不堪重負

在工作坊中，我常常問學員一個問題：「在座有多少人感受過受傷的感覺？請舉手。」幾乎每一次，我都會看到所有的人舉手。

「那麼，在座有多少人感受過自卑，常常覺得自己不夠好？請舉手。」同樣，所有人也都舉手了。這時候，我會讓大家都保持著舉起手的姿勢，並去看看周圍的每一個人。然後我跟大家開玩笑說：「歡迎來到人類世界。」大家會心一笑，感覺一下子放鬆了許多。

當我們談到生命中的傷痛時，很重要的一點覺察是：每一個人攜帶的傷痛，不僅僅是個人的，還是人類普遍存在的。來自父母的、家庭的、祖先的、歷史的、文化的……我們體驗到的傷痛，並不只是我們個人歷史所產生的，同時也是我們集體意識的一部分。

覺察到這一點，人們會放下自我批判和自我懲罰，心也會更敞開，從緊繃中放鬆下來，並對他人有更多的同理心，與他人有更多的連接。當我們觸碰苦，不逃避苦，向生命中更大的整體打開時，生命的河流會流過我們。這並不會讓人變得孤立無援，而是會與萬物產生連接，感受到我們都共用著人類的光明與黑暗。

問題就在於，當你沒有看到別人舉起手的時候，你以為這個世界只有你受傷，只有你受苦，只有你感覺自己不夠好，其他人都很優秀，都沒有問題，他們都比你好……

這種把人類普世意識中的問題與挑戰個人化的想法，會讓我們產生更多問題。因為這就像孤身一人背負起人類集體的傷痛一樣，這個如此沉重的包袱，我們當然無法承受。

在「特別社區」中，賦予痛苦、問題、挑戰人性價值

再次強調，作為一個人，我們面對兩個世界：外在世界和內在世界。外在世界講求效率和成果，我們需要努力，行動，有策略，做計畫，找到好的解決方案，應用不同的方式獲得突破。這個三維的外在世界，是一個「努力」的世界。

然而，每一個人的內在，都有難以承受的「嬌嫩的脆弱」，以及傷痛、悲傷、無力和挫敗。這些內在的部分，比如「嬌嫩的脆弱」，處於外在這個努力的世界裡，很難有一個抱持、打開、連接和存放的空間。

也許，內在的不同面向曾經對外在世界敞開過。比如一個孩子對爸爸說：「爸爸，我覺得很害怕！」爸爸說：「有什麼好害怕的，你看小明比你勇敢多了，男孩子要勇敢。」再如一個孩子對媽媽說：「媽媽，我唱歌好聽嗎？」媽媽說：「每天就知道玩耍，別唱了，趕緊寫功課。」

我們如果把內在這些柔軟的、嬌嫩的，甚至脆弱的面向，向家庭中的場域打開，

當然，可以是家庭，也可以是社區、他人，他們對這些「內在的存在」的回應方式往往是暴力的，或是冷暴力的，認為「他們」是不好的。那麼，生命能量中蘊含的人性的、自然的渴望就會被壓抑下來，於是他們不得不退縮和關閉起來。我們把他們鎖在地下室，他們就像一顆顆永遠不能見到光，沒有空氣、水分滋養的種子……

每天，我們把自己扔向世界，為了得到外在世界的認同，要讓自己變得更好，就代表要強迫自己用盡全力去壓抑那些無法被接納的部分。但是，這樣的強迫，會讓我們變得更焦躁。

如果只是投入於外在世界，而沒有去聆聽、抱持內在世界的不同面向，我們將不可避免地陷入一種兩難境地：一邊被外在世界的效率車輪推著向前，一邊通過向內壓抑或向外投射的方式表達這些人性的自然需求。

比如，在親密關係中，我們常感覺到不被理解、不被看見，感覺到受傷。若沒有聆聽內在的需求，沒有抱持脆弱的部分，沒有把成熟的年齡應該有的成熟的愛，帶給內在受傷的自我，那麼，我們就會把這些內在的需求投射到伴侶身上，想讓對方改變或付出。如果伴侶無法達到我們的期待，我們就會指責、抱怨、控制，使雙方關係更加緊綳，讓彼此更加遠離親密。這種狀態就像前一秒猛踩著車的油門，後一秒就大力踩一腳剎車，傳動系統遲早會崩潰。

而榮格早就提醒過：若是無法覺察內在的情境，它們就會變成外在的命運。然則，該如何將這些痛苦「去個人化」，又該如何抱持內在的這些部分呢？接下來，我會繼續分享一些內容，希望能讓你更好地面對內在的傷痛和脆弱。

這麼多年來，我一直專注于建立一個支持性的團體，我把它稱為「特別社區」。之所以叫「特別社區」，是因為它作為外在世界的相對面，也是生命整體的一部分。它是外在世界「努力地追求成就」的相反面——如其所是般的、無為的存在……

在「特別社區」中有幾個基本原則：**平等表達**、**抱持**、**包容**、**不批判**、**無為**。

多年以後，我依然記得這個下午。

我走進會議室，環顧四周，看到一張張陌生的面孔，他們由於不同的原因來到這裡，或期待，或熱情，或焦慮，或困頓……在我簡單介紹了工作理念後，我直覺性地決定在一對一的個案演示之前，先將他們分成三到四人的團體，這樣的多人連接和互動常常會起到意想不到的療癒效果。

我抽取三位志願者和我一起進行團體示範，抽籤的結果是兩位女性和一位男性。向我走來的第一位女士丁丁，我對她比較熟悉，因為她已經參加過幾次我的課程。她打扮幹練，每天換著不同款式的精緻披肩，時時拿著一本筆記本，把我說的每一句話都記錄下來。

我對她印象深刻，因為在課程問答環節，她是最踴躍的參與者，並且每次用同樣的範式問問題：「老師，是不是因為這樣，所以那樣，是嗎？」她需要在頭腦層面得到一個清晰、邏輯通順的回答。她習慣思考，但很少去感受自己的體驗，我不禁有點擔心，在團體裡她是否能夠打開自己的內心？

第二位參與者是一個年輕的女孩小梅。小梅非常瘦弱，幾次和她眼神接觸時，她的眼神裡都帶著許多擔心和害怕，就像一隻受驚的小鹿。與她交流時，她也會因為緊張，致使表達沒有邏輯性，甚至手都在發抖。

第三位參與者是威海，一位男性企業家。他有一定的社會經歷，也有自己的思想主見，你會覺得他飽含故事，但他不會輕易發表自己的意見。

我邀請三位夥伴和我圍成一個圓圈，而其他學員圍成一個大圈，包圍著我們四人組成的小組。在開始前，我強調幾個規則：平等表達，抱持，包容，不批判，無為。接著，我帶領大家安靜下來，邀請大家用好奇心和專注的臨在抱持著整個團體空間。

我轉向丁丁，去感受和她之間的連接，並說道：「丁丁，謝謝妳作為志願者參與到這個團體裡，當妳準備好，邀請妳去感受，在生命中，妳的傷痛是什麼呢？做一次呼吸，讓自己放鬆下來，去連接妳的身體中心。在中心感受、在中心說話，今天我體驗到的傷痛是什麼？我想邀請妳，讓心打開……把『她』帶到這個空間裡。」

丁丁閉上眼睛感受了一會兒，然後用她一貫清冷平靜的聲音說：「我和丈夫都出生在高知識分子的家庭，在我剛懷孕的時候，我們都很期待，未來陪伴孩子一起學習，共同成長。但是很不幸，我兒子出生後不久，被診斷為腦性麻痺，而不到一個月的時間，我爸爸被診斷為癌症，然後去世了。這兩件事情同時發生，我不明白為什麼這些事情會發生在我身上，我真的很痛苦……在那個時候我就立下一個誓言，我要搞清楚生命到底是怎麼一回事。每天努力地學習關於心理學以及照顧特殊嬰兒的知識，同時還要照顧家庭，我覺得我已經精疲力竭了，卻又看不到未來的希望。」

當丁丁分享著她生命裡這些讓人心碎的經歷時，儘管眼眶泛紅，她依然端莊地坐著。她的分享就像在平靜的湖面投下一顆石頭，盪起漣漪……人性中共用的體驗，生命的喪失、傷痛、不公、挫敗、無力感……這些人心最深處的脆弱，讓大家不約而同地沉靜下來，感受著這一刻活生生的生命力律動。她說出自己的故事後，我終於理解了，那個總是問許多問題，想要弄明白生命裡一切答案的丁丁，有她這麼做的道理。

我們靜靜地待了一會，我看著丁丁，問道：「我聽到妳分享生命裡的這些挑戰，如果用一個詞形容妳的感受，那會是什麼呢？」

丁丁沉默了一會兒，說：「破碎。」

我環顧四周，有的人把手輕輕地放在心臟的位置，有的人微微點頭。很明顯，大家的心更打開了。大家靜靜地感受著，用這樣一種非語言的方式共同待在這一個空間。

「願我們能給這個『破碎』一個位置，讓她在我們這裡有一個家。」我輕輕地回應道。丁丁深呼吸，彷彿一直提吊著易碎的心，終於降落在溫柔的懷抱之中。

接著，我轉向下一位：「小梅，在妳的生命中，妳感受到的傷痛是什麼？」

小梅輕輕地抬起頭，又低下頭，然後用一個幾乎聽不到的聲音說了一句：「羞愧。」

當我聽到小梅說出「羞愧」二字時，一陣感動湧遍我全身，心變得溫柔又敞開，在人性最深處，我終於能夠真實地和她有連接。

羞愧，是生命中最難表達的感受。因為如果打開自我，被別人看到自己內心最深處的不堪，會讓我們無地自容，那種感覺羞愧難當。但是如果我們不表達，它就會在一個陰暗的角落，隨著時間發酵，越來越害怕他人發現這個不堪、腐爛的存在。

我深深地做了一次呼吸，眼角餘光能夠看到很多人被她的勇氣所感動。每個人內心都有一些不能被世界窺見的部分，於是努力築起高牆，將其深深地鎖在其中，只不過那種腐爛的感覺，無法讓我們真正地綻放自己的生命。

終於，我們看到小梅，從她的內心深處，讓這個鎖在地下室裡怪獸般的存在，進入人類社區，讓人性和善意去觸碰……就像為這個「腐爛」的地方打開了窗戶，讓陽光照進來，讓空氣流動起來。最後，在人類的社區中「她」有了一席之地，被賦予了人性的價值，綻放在世界上。

小梅這麼做的勇氣，深深觸動了團體中的每一個人，為我們帶來了更多生命的力量。如同吉利根博士說的：「這樣的生命成長充滿愛的勇氣。」

最後到了威海，我看到他整個身心明顯是放鬆的，他深呼吸，然後嘆了一口氣，我感覺他的話從他的心傳到這個團體，他說：「我真的很擔心事業會失敗。」

◆我們看似是一座座孤島，但在海洋深處，我們彼此相連

在這裡，我們看到了照顧孩子的家庭主婦，面臨情緒挑戰的年輕女孩，害怕事業失敗的男人。在團體示範開始前，我們看到的每個人好像都和自己不一樣，就像人人都是一座孤島，但是當大家分享他們的傷痛、掙扎、破碎、無力感後，你會發現，在海洋的深處，我們和大陸是相連的。

是的，我們不一樣，同時，我們也一樣。

人們以為自己的悲喜和他人並不相通，但實際上，我們深深相連。生命之河流淌著，每一刻的體驗都在變化著，每一天的人生都是全新的。

而在每個人的一生裡，最重要的練習就是：打開身心，讓生命之河流過我們，而我們也流過生命……生命是痛苦的，也是喜悅的；生命痛徹心扉，也驚奇無限。

既然生命這麼豐盛，那為什麼不享受它呢？

◆◇◆

大部分人對痛苦的主要誤解是，認為一個人正在經歷的痛苦僅僅屬於個人。人們相信自己之所以經歷一些傷痛，是因為自己沒做好，或是自己不夠好；我們感覺到恐懼，是因為自己缺乏勇氣，於是感到自責、內疚。

然而，這些感覺其實是生命中不可避免的部分：如果你活著，恐懼終究還是會造訪你；如果你活著，憤怒終究會造訪你；如果你活著，悲哀終究還是會造訪你。

沒有人能從它們那裡逃脫，卻有方法可以穿越它們。

就像我創建的那個特別社區一樣，我們可以給自己打開一個內在空間，給問題一個「家」。這個空間，就像是外在世界成就、效率的相反面，是生命整體的一部分，是值得成立，也是應該成立的。

同樣地，你也可以給自己創造一個「社區」，當你體驗到任何傷痛時，想想今天在書中看到的故事，試著去覺察：每個人都是帶有傷痛的。接著，不要責怪自己，也不要強迫自己快速消除傷痛或其他讓你難以接受的部分。嘗試於你的內在，創造一個空間，允許「他／她」的存在。

在這個空間，當內在的不同面向被人性地包圍時，你會體驗到：傷痛不再是傷痛，它將成為人性存在的一部分，在人的世界裡有一席之地；傷痛也不僅僅屬於個人的表達，而是人性中普世的體驗。我們不再孤立，也不再與他人斷裂。在這個地方，在這個時候，我們便得以卸下重負，輕裝上陣，再一次朝向旅途，繼續出發。

練習　讓生命之河流過我們

生命就像一條河流，每天攜帶著許多不同的體驗流經我們所有人。只要活著，我們將會重複地經歷快樂、悲哀、恐懼、憤怒、喜悅……

我們的身體中心，被人類意識中各種情緒體驗觸碰著。而關鍵在於，你如何回應這些自然的生命能量呢？當生命之河流過你的時候，你能否不被捲入到生命的洪流之中，迷失了自己呢？

在這一章中，我們通過不同的維度，詮釋如何整合對立矛盾的兩端——中心和世界，意識和潛意識，內在和外在，個人和集體……讓生命之河流經我們，讓生命的完整回歸到身心之中。

創造力，正是蘊含在兩點之間的對話：

- 在確定與不確定之間變換。
- 在已知和未知之間流動。

• 在「危」與「機」之間創造。

我們需要練習，在一種生生不息的狀態中整合對立矛盾的兩極，讓兩者同時具備正向意義，感受到自己就像一隻想要翱翔天際的鳥兒，展開翅膀，一邊是確定，另一邊是不確定；一邊是已知，另一邊是未知。

如果想要翱翔天際，接近藍天，你如何保持雙翼的平衡？

如果想在大地之上奔跑，實現意圖，你如何保持雙腳的平衡？

無論是在某個你感覺自己困住的時刻，還是在你面臨某個挑戰的時候，你都可以做以下這個練習，幫助自己帶著創造力，進入到生活中的每一天。

這個練習，由三個部分組成：

• 每天更多地練習回歸身體中心。
• 從中心進入世界，向更大的場域打開。
• 創造性地接納旅途中的人、事、物。

❶ 安頓並連接身體中心

找一個安靜的地方，讓自己安頓下來，自然地做幾次放鬆的呼吸。吸氣，感覺到內在變得擴展開來，敞開心胸；呼氣時放鬆你的身體。

感受到身體全然放鬆時，輕柔地把手放到你的丹田。在這個身體中心做一次深深的呼吸，連接丹田中心，全身放鬆，讓你的身體重量往下沉，注意力集中在丹田，輕柔地呼吸著，連接丹田的中心點。

感受到你身體完全放鬆，臀部真正放鬆，讓重量往下沉……當一個人的意識，從頭頂來到下方，至臀部的時候，會發生一種蛻變。在這種蛻變產生之前，他們活在自己的頭腦裡，感覺需要去取悅別人，帶給別人好的印象，不知道自己真實的力量。當他們的重心往下沉的時候，一種根植於大地的寧靜感就打開了。一個人可以簡單地存在，不需要刻意表現，就能夠輕易地發現一種新的智慧和力量。

❷ 從中心進入世界，向更大的場域打開

當你和自己的中心連接著，我想邀請你往前踏出一步，一隻手繼續連接你丹田的中心，另一隻手輕輕地進入你身體之外的空間，代表著你從中心進入這個世界，從中心進入你的關係、工作、生活……去感受和觸碰生活的每一個不同面向。

確保你跟身體中心是有連接的，同時進入生活每一個不同的角落……帶著好奇去邀請你內在的智慧，想像如何可以做到跟你身體中心有連接，同時觸碰生活每一個不同的地方、不同的面向。

帶著好奇去感受如何能夠找到這樣一個甜蜜的平衡點，專注而又放鬆，努力而無須多想，不疾不徐……進入到生活的每一個地方，感覺到你意識的擴展，就像漣漪蕩開，一圈一圈又一圈，向世界打開，向更大的場域敞開……從你的中心向世界打開，就像是一朵浪花重新回歸海洋，臣服於寬廣無邊的懷抱。請記得：

- 越打開，越安全。
- 越打開，越成長。

・越打開，越自由。

❸創造性地接納旅途中的人事物

當你踏上這一段創造性的旅途時，你會發現，在旅途中有很多人會參與其中，來到你的道路上……你生命中的資源、挑戰、負面的聲音，還有你祖先的能量和智慧……都會加入你的旅程。但它們的到來，是為了幫助你，讓你成為一個更有力量、更完整的人。這些生命能量、智慧會經過你，流過你……幫助你活出綻放的生命。

它們的到來都是出於對你的愛。所以請你對它們說：「歡迎，歡迎……」打開你的心，打開你身體的管道，讓一切來到你身邊的人、事、物，以及能量、生命力、生機都可以經過你，流過你，幫助你朝向生機勃勃的未來。看到、觸碰到未來的畫面，為你帶來一個美好的正向意圖，迎向快樂、健康、成功的人生。

花些時間感受和體驗這些超越的、寬廣的、連接的、被愛的、安全的體驗，去領悟你被賦予一個人的美好生命。

記得，生命是用來享受的。

讓我們放下事物不會變壞的期待吧！調頻到當下，全心全意地活在每一刻，讓自己保持在道路上，接納任何來到你身邊的人事物，創造性地參與其中，並正向地應用它們。從身體中心向世界打開，朝向生機勃勃的未來。

第二章

停戰，初見旅程中的自己

沒有完美的自己，只有完整的自己。
而成長就是，讓分裂的自我，
重新回歸到完整之中。

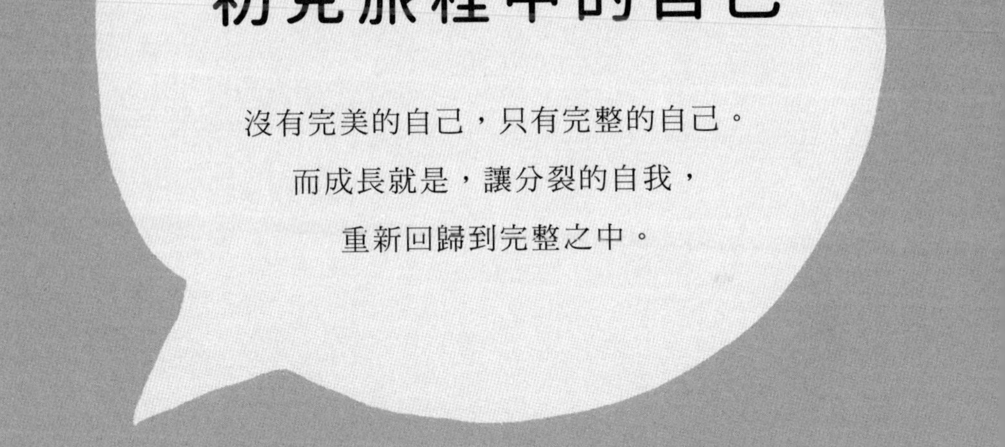

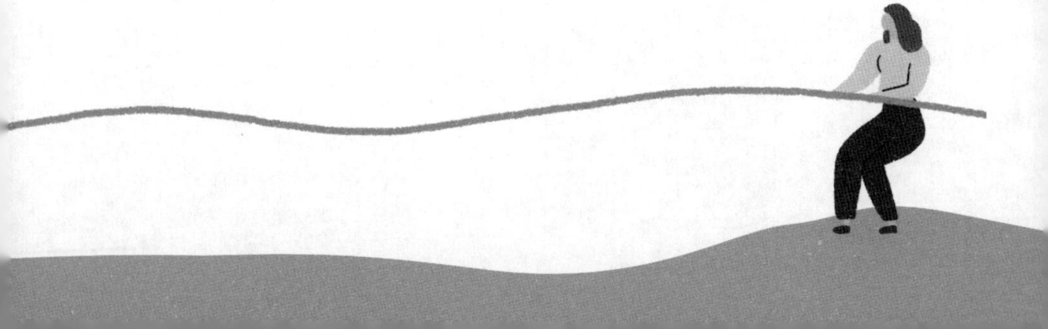

總有那樣一天，
你會滿心歡喜地歡迎你的到來，
在你自己的門前，自己的鏡子裡，
彼此微笑致意，並說：「請坐，請吃。」

你會再次愛上這個曾是自己的陌生人。
給他酒喝。給他飯吃。把你的心
還給他自己，還給這個愛了你一生，
被你因別人而忽視卻一直惦記著你的陌生人。

把你的情書從架上拿下來，
還有那些照片、絕望的小紙條，
從鏡中揭下你自己的影子。
坐下來，享用你的一生。

——德里克．沃爾科特〈愛之後的愛〉

羞愧：給我一張被子，我要把自己蒙上

越痛，就要越溫柔

來訪者婉婷坐在我面前，身體微微發抖，不停地搓著手，她吞吞吐吐說著什麼，好不容易擠出來的幾個字，還沒來得及被聽見，就消散在空氣之中。我屏著呼吸，全神貫注地聽著，並提醒她可以放心地大聲說出來。

「我……我就好像一個小女孩，躲在門縫裡……看著外面的世界，很好奇卻又不敢走出去，我想……我很想出去看一看，但剛踏出一步，我就害怕得不得了……」她一字一頓地說著，沒有焦點的眼神在空中游離。

我很快便意識到，婉婷來到我的諮商室，準備面對自己內心塵封已久的傷痛。當她的心慢慢地打開時，早年的創傷被啟動了，內在不同的心靈部分不請自來，加入我們的關係。

我感受著婉婷的狀態，評估她在打開傷痛時承受壓力的能力，在觸碰她的傷口時，小心地決定這個創傷可以打開多少。我需要給她的傷口創造一個承接的空間，連結資源，輕柔地去觸碰她的創傷，而不是讓她感覺傷口暴露在曠野之中。

是的，越痛，就要越溫柔。

相反地，如果在一種崩潰的狀態中觸碰創傷，神經肌肉組織就會重新建構新的保護層，避免產生二次傷害。一旦被新的保護層鎖上，就很難再打開了，那麼，這些被非人性對待的存在，就無法被賦予人性的價值，療癒就不會發生。

很顯然，婉婷的狀態是逐漸向下崩塌的。她屏住呼吸，肩膀聳起，身體繃緊，游離的眼神裡露出一絲絲恐慌……很明顯，她處在一種神經肌肉緊繃的「戰或逃」的狀態，如果讓創傷繼續打開，那麼，她就可能會完全崩潰。

現在我的工作重點是，幫助婉婷的能量調頻到平衡的狀態，讓她的能量稍微向上提升，比如，幫助她連接中心，回歸到中立狀態；或者找到資源，連接未來的正向意圖，改變描述故事的方式。

只有確保和創傷之外的正向事物有連接時，我才會去觸碰她的傷口。

「婉婷，可以看著我嗎？」我稱呼她的名字，讓她的注意力回到當下，建議她稍微抬頭看著我，邀請她和我一起做幾次呼吸，安頓下來。

但片刻後，她就睜開眼睛跟我說：「老師，我無法做深呼吸，不知道為什麼越想深呼吸就越卡著。」我微微地愣了一下，但很快地帶著覺察，從頭腦的思考中回到身體的放鬆，去感受婉婷當下的真實。

在專業督導學習中，我的老師吉利根博士常常提醒學生：真正的療癒，發生在技術失效之後。因為，個案從開始表現得盲從和討好諮商師，到把真實呈現在治療關係中，往往才是療癒開始發生的時候。

我輕柔地呼吸，讓氣息流過全身，放鬆身體肌肉，讓心打開……我感受著那個越想深呼吸就越卡著的婉婷。過了一會兒，我對她說：「嗯……或許妳想用呼吸把內在某個部分趕走，認為她不應該來到妳這裡。當妳抗拒她、排斥她時，她就卡著了。」

她似懂非懂地點點頭，我靜靜地等待她做出下一個回應。突然，她似乎用盡了全身的力氣打了兩個大嗝，她滿臉尷尬地連聲說道：「不好意思，抱歉。」她一邊表示著歉意，一邊捂住自己的嘴巴。但有趣的是，一聲聲打嗝，不顧主人的阻撓，「嗝，嗝，嗝，嗝……」湧現在我們之間的空間裡。婉婷的身體顫抖著，充斥著尷尬、難堪……想要壓制，卻又無法辦到。

或許，在婉婷年紀小的時候，那些不得已要壓抑下去和緊鎖在「地下室」的存在，現在通過婉婷來到這個世界，甦醒了，而且正在通過她的身體變成一聲聲打嗝。有些東西正在向這個世界打開，進入人類社區之中。

我帶著善意和頑皮的微笑對她說：「妳打嗝的時候，真的不需要這麼優雅，可以大力地對著我打嗝。」她聽著我的回應，忍不住大笑起來。

眼淚之外，還有歡笑。痛苦之外，還有其他的人生。

持續讓我們受苦的原因是：

- 我和生命整體隔離，用神經肌肉鎖上了傷痛，也失去和其他事物的連接。
- 我的生命能量失去了流動性，喪失了節奏感和音樂性。

潛意識的語言是節奏和音樂，不是文字。想像一下，如果你跳著舞，唱著歌，把你的問題唱出來，那麼可以肯定的是，你對問題的體驗將會改變，你和問題的關係將隨之改變，而那一刻，你回應問題的能力也不一樣了。

現在，在我和婉婷之間，生命中的傷痛是真的，歡笑是真的，溫柔是真的，頑皮也是真的……可以肯定的是，生命中不是只有痛苦，還有其他的很多，很多。

慢慢地，我引領婉婷從歡樂的、跳動的能量狀態，回歸到溫柔而又堅定的身體中心，靜靜地待了一會兒，讓身體每一個細胞都記得這樣的體驗。

「我想對妳說，無論是什麼來到我們之間，我都會給『她們』一個位置，我確信，她們的到來，是為了幫助妳去療癒，去整合，去成長……她們的到來，都是帶著善意的。」婉婷做了一次深深的呼吸，這一次沒有卡住。

讓更大的智慧引領內心的療癒

當婉婷的狀態提升到一個更佳的水準時，我們的旅程就可以繼續展開，向生命深處進展。接下來，我想瞭解婉婷的一些基本背景資訊，因為這些資訊展示了婉婷的身分認同，代表了她無聲地向世界宣告：我是誰。

我們的身分篩檢程式是內在主要的地圖，幫助我們瞭解自己和世界，前提是，這個身分篩檢程式狀況良好。

「我原本在一家外貿公司上班，但我的憂鬱症越來越嚴重，後來我就把自己封閉起來，現在什麼也不做，這幾年什麼都沒做……」

我點點頭，繼續問她：「妳現在有親密關係嗎？」婉婷沉默了幾秒，意識似乎漂流到了另一個空間，然後給出了一個答非所問的回應，聲音細微得幾乎聽不見：「我覺得我理解不了……」

「理解不了，是什麼意思呢？」

「唔……我理解不了……為什麼親密關係……」婉婷支吾著，眼神再一次飄走，不敢看我的眼睛，身體又回到了繃緊的狀態。

這是一個信號，提醒我，有某個「自我」卡在這個地方了——「她」應該被溫柔地對待，所以需要慢下來，讓「她」來決定，什麼時候打開，打開多少。

「可以告訴我，妳原生家庭的情況嗎？」我嘗試用另一個問題讓婉婷回到當下時刻。「我是家裡的老大，還有兩個弟弟。我九歲的時候，父親得了糖尿病末期，走了，媽媽現在自己在老家。」

「我很遺憾聽到妳這麼小爸爸就離開了，媽媽帶著三個孩子，一定很不容易吧。」

婉婷一邊若有所思地點點頭，一邊從包裡拿出一本筆記本，翻開其中一頁，把內容展開給我看，她說：「我的人生底色都是悲傷的，我畫了一條河，這條河如果是一條流淌的河，我生命的河流裡流淌的都是眼淚……整個人生全都是破碎的，碎了一地……你覺得誰能經歷過三次性侵？好了，我不說了，我不想說了……」

婉婷說到後面時，聲音輕得幾乎聽不見，最後的幾個字消散在悲傷的空氣中。

突然間，我終於理解婉婷說的「我覺得我理解不了……」這句沒有說完整的話裡隱含的意義。

她的眼淚止不住地流下來，我感受著，讓她的悲傷流經我……這不只是屬於她的悲傷，也是我的河流……是人類普世的人性體驗。

我看著她問：「婉婷，我忍不住想，妳所經歷的苦難，如果換作是我，我都不知道自己能否挺得過來……是什麼支持著妳走到今天呢？」

「我也不知道，我還在想這個問題呢，剛才……在我自己的世界裡，我就在想，我的內在智慧真的滿厲害的，一步一步地走，幫助我活到了現在。」

「是的，妳內在的智慧很厲害。生命裡遇到這麼多的挑戰和磨難，妳的內在有著深沉的智慧和生命力，她支持妳、幫助妳來到今天……我想對妳內在這麼頑強的生命力，還有內在的智慧，表達深深的尊重與敬意……她真的很棒。」

這些對婉婷說的話語，也提醒著我，當我們穿越表層，觸碰到心智的原始場域，回到自然的生命原動力，可以把豐盛的資源帶到生命的旅途中，喚醒每一個人內在的成功、快樂、幸福的資源。

「婉婷，不好意思，想冒昧問一個不太禮貌的問題，請問妳現在幾歲了？」我帶著頑皮的能量和語氣，繼續引領婉婷轉換狀態。

婉婷擦著淚痕，淚中帶著笑說：「三十八歲了。」

「妳知道有一位心理學家叫榮格嗎？榮格說，每一個人有兩次人生。第一次人生是前三十八年，我們在為他人而活，第二段人生是後三十八年，我們開始為自己而活。很高興，妳在三十八歲的時候，終於可以活出自己的生命，開始聆聽生命深處的聲音。事實上，不僅是三十八歲的妳在探索，還有四十八歲的妳，五百歲的妳，一萬歲的妳，十萬歲的妳……」我停頓了一會兒，讓我們的意識觸碰到一個更大的場域，一個更大的存在。

「婉婷，想像一下未來，那一個智慧的、健康的、快樂的、老年的自己，妳覺得妳會是幾歲呢？」「我覺得一百歲吧。」

我笑著回應：「歡迎來到長壽村，那裡山清水秀，空氣清新，一個個健康的老人，銀髮飄飄，開心地享受著生命的每一天。」我們彷彿已經觸碰到了未來美好的畫面……

「我邀請妳在這個未來的畫面裡待一會兒，做一次呼吸，輕柔地閉上眼睛，在這個一百歲的年紀，妳穿越了生命旅途的挑戰，內在充滿著智慧的光芒……從智慧的、健康的一百歲老婉婷那裡，回看現在的這一段人生，妳會給三十八歲的婉婷一個怎樣的人生建議呢？」

「放開地玩，放開地耍，放開地活。」婉婷帶著頓悟般的聲音回答說。

我重複著婉婷說出的這句神奇咒語，「現在妳從這個智慧的、健康的老人那裡接收到這份禮物，有什麼感覺呢？」

「我想站起來跳舞。」婉婷站了起來，交換著雙腳踏著步……我也站起來，配合著節奏，一邊念著這句神奇的咒語，「放開地玩，放開地耍，放開地活……」一邊踏著步伐舞動起來。我們跳著，唱著，再一次讓生命能量流動在我們之間。

我們再次體悟到，持續受苦的原因之一是：生命能量失去了流動性，失去了節奏感和音樂性。

「這是我見過最美的一段舞蹈！」我堅定又認真地帶著催眠性的聲音說，「讓這一段美妙的旋律指引妳朝向下一段旅程。每一次當妳需要在旅途中喚醒生命力時，記得——放開地玩，放開地耍，放開地活……感受這活生生的生命力，跳一段慶祝生命的舞蹈，享受這自然的原動力，回歸到妳的身體中心，每一天從中心進入世界，帶領妳活出生命的真相，在未來的每一天。」」

我們在這個地方靜靜地待了一會兒，用了一些時間，讓內在去整合新的體驗，新的學習。

◆給予不請自來的「自我」一個安身之地

我期待著婉婷慢慢地睜開眼睛，一如既往地如我其他個案，欣喜地與我回顧和分享著美好的體驗和收穫。

然而，剛剛才觸碰到的平靜、放鬆、流動的能量好像是陰天的太陽，一閃而過，很快就從婉婷的身上飄走了……神經系統的強大慣性，很快把婉婷帶回到老舊的地圖裡，古老的負面經驗再次籠罩著她。

「我……我不知道跟我之前的經歷有沒有關係，但我確實是，我也在想，兩個人為什麼要……怎麼都理解不了為什麼會……它真的影響我很深，讓我不敢……好像……有關係。」她努力地，但始終無法完整表達。

我試探地問：「妳是說性的部分嗎？」她點點頭，似乎終於有個人幫她說出來，而她不需要去面對這個難堪又沉重的話題。

婉婷捂住臉，無力地嘆息：「我覺得我自己很髒，我真的覺得很羞愧。」

「我很遺憾聽到妳這樣對自己說，在那個時候妳受到的傷害，是不應該發生的。在你三十八歲的時候，當妳想向親密關係敞開心胸時，『她』來了，『她』來到妳這裡了，『她』感到害怕，就好像在對妳說：如果妳進入親密關係，那我該怎麼辦啊，我真的很羞愧，我真的很害怕……如果我失去了保護，再一次受傷，那我該怎麼辦啊。婉婷，我確信她是有道理的，她需要妳把療癒帶給她，她希望妳攜帶著她來到妳的生命旅途之中……」

我停頓了一會兒，好讓自己的話更有力量：「婉婷，如果從那個一百歲的智慧健康的老人那裡，看到現在的妳在說自己不好，說自己很害怕，說自己很羞愧，那個智慧老人會怎麼回應呢？」

「這不是妳的錯！這不是妳的錯！」一個一百歲的智慧老人的聲音傳來。「這不是妳的錯！」我重複著這句話，「婉婷，看著我，我很高興，妳連接到那個智慧的聲音，那不是妳的錯……我邀請妳做一次呼吸，把這句智慧的話語吸納進來。那不是妳的錯，也許現在，妳可以動動雙腳，舞動起來……唱出這幾句神奇的咒語……放開地玩，放開地耍，放開地活，不是妳的錯，不是妳的錯。」

當婉婷觸碰那些艱難不堪的傷痛時，也可以保持和內在資源的連接。在同一套神經系統裡，如果我們能夠同時抱持兩種不同的身分狀態——一邊是傷痛，一邊是資源，就可以找到改變發生的重要前提。

「婉婷，在妳這個成熟的年齡，妳可以正向運用生命賦予妳的能量，享受性這一原型能量，正向地表達它，讓生命的河流自然流淌。就像現代催眠之父艾瑞克森所說：生命是用來享受的。一位女性，是可以享受性愛的愉悅的……

或許早年古老的傷痛還是會不請自來，但是，一百歲智慧的、銀髮飄飄的妳，會給三十八歲的妳足夠的愛，安慰她，不是她的錯，不是她的錯……保護她，給予她安全感，將她帶到生命的旅途之中……不再自我懲罰，不再做內在自我的判官。」

婉婷輕輕地閉上眼睛，把手放在心口，靜靜地感受著，這些祝福的話溫柔地灌溉她的身體中心，用以替代古老的詛咒和負面催眠。

◆拿起劍揮向不公，然後回歸中心

吉利根博士年輕時練習合氣道二十幾年，他和我分享了一個故事。他的一位合氣道師傅和兩個孩子因車禍意外去世，合氣道團體為他們舉行了一個悼念儀式。

那一天，所有人都穿著合氣道傳統服飾，師傅們輪流上臺分享與這位大師的過往和對他的懷念。輪到一位老太太，一位合氣道的大師，她起身，乾脆俐落地整理了一下衣服，綁緊道袍的帶子，大步流星地走上臺中央，面朝向人群的上空，一次深呼吸之後，氣沉丹田，然後發出一聲長嘯：「啊……啊……啊……」生命所有的不公、憤怒、悲傷、無力都被包含在這一聲大吼中，奔向虛空。

吉利根老師說，當時他端坐在下面，感受著全身的震動，生命之河流過他，也流過在場的每一個人。這位老太太一聲長嘯之後，重歸沉默，回歸中心，停頓幾秒，再次莊重地整理了一下衣服，然後下臺，沒有再多說一句言語。

我說著這個故事，轉頭看向婉婷的眼睛：「婉婷，拿起妳的寶劍，揮向所有不公，就像這位老太太的一聲長嘯，然後回歸中心……從妳的中心繼續進入生活，不需要卡在一種能量裡，不需要重複地、戲劇化地去表達。在妳未來生命的旅途中，作為一個成熟的人，學會拿起妳的劍，揮向不公；也可以溫柔地對待自己，享受妳的生命能量。」

我邀請婉婷一起靜靜地做幾次呼吸，再一次回歸到內在，花些時間做內在整合。

在個案結束時，我問婉婷：「可以和我分享一下妳的感受嗎？」

她的眼睛閃爍著一百歲智慧老嫗的光芒，說：「就像一朵潔白的蓮花。」

一朵潔白的蓮花，出淤泥而不染，這個意象深深地觸動了我。

如正念大師一行禪師所說：「沒有淤泥，就沒有蓮花。」

強迫：不被世界歡迎的自我

◆區分「我」與「症狀的自我」

維琴尼亞・薩提爾（Virginia Satir）是著名的心理治療師和家庭治療師，她被《人類行為》雜誌（*Human Behavior*）譽為「每個人的家庭治療大師」。

當人們遇到問題、挑戰，來找到她做諮商的時候，薩提爾問的第一個問題通常是：「對於你生命中發生的問題，你有什麼感受呢？」

假如來訪者說：「我覺得很難過。」

薩提爾會接著問第二個更重要的問題：「那你對自己的難過又有什麼感受呢？」

薩提爾說，第二個回答，決定了整個生命的品質。

如果你認為「難過」不應該出現在你的生命中，於是抗拒它、壓抑它；或者覺得別人應該為你的難過負責，於是抱怨、指責，用神經肌肉的緊繃狀態鎖上了「難過」，那麼在難過的感覺之上，你施加了更多的壓力和焦躁。

相反地，如果你給予難過一個空間，包容、好奇、聆聽它，連接資源和正向意圖，用人類的神經系統把那個不被世界歡迎的「他／她」吸收進來，讓「他／她」成為你的同盟。當不同的部分和諧一致時，就會產生一種生生不息、有創造力的身分狀態。

而不同的心靈部分互相衝突排斥，彼此互不連接時，便會產生另一種身分狀態，它是分裂的、低自尊的、令人感到消耗的。

這也是催眠的核心理念之一：**回應問題的方式，決定了問題成為更大的問題或者轉化為資源**。

舉個例子來說，我們說「我很憂鬱」、「我有強迫症」，這背後的意思往往是：

我等於憂鬱，我即是強迫症。

一旦我們保持著這種身分認同，就很難與這種身分認同之外的認知產生連接，從而形成膠著的、只有一個意象的單一身分認同。因此，僵化的身分認同無法適應外在的挑戰和變化，或者說無法以內在共鳴的方式去創造新的現實。

古希臘哲學家赫拉克利特曾說：「一切皆流，無物常駐。」

太陽每天都是全新的，將永遠不斷地更新。

然而，當我們卡在同一種負面模式裡，重複著相似的負面體驗，人類卻是箇中好手，會用過度思慮的頭腦和神經肌肉緊繃的狀態將「問題」鎖上。

如果一個人保持著「我是強迫症」、「我等於憂鬱症」的身分認同，並且加上負面描述，比如「我沒有希望了」、「我沒有能力」、「我是他人的負擔」、「我總是搞砸」等，那麼，他猶如為自己套上了一個個枷鎖，困在憂鬱的、強迫的自我中，從而產生低自尊的身分狀態，讓痛苦更持久、更劇烈。

因此，在工作中我常常會引導來訪者，先將「我」與「症狀的自我」區分開來，再去改變「我」回應「症狀的自我」的方式。

◆看見症狀背後的正向意圖

具體要如何做到這一點呢？我想，接下來的故事會對你有所啟發。

一位來訪者叫小武，被診斷有強迫症，我與她進行了視訊諮商。小武每天都控制不住地洗手，常常洗到手脫皮也無法停下來。有一段時間這個症狀開始減輕，但是當她的關係出現問題，和男朋友分手之後，強迫症便復發了。

後來她找到了一位心理諮商師，諮商師跟她見面時這樣說：「妳的強迫症非常嚴重，最少一個星期要來見我兩次。」當聽小武這樣說的時候，我內心不由得感嘆了一下，這位諮商師真的是發起戰爭的人。

就在見完諮商師的那一天，小武的強迫情況更嚴重了。

那天夜裡，她洗手洗到凌晨兩點。小武跟我說：「老師，那天晚上我突然內在有一種感覺，不要再找這位諮商師了。」

我對小武說：「我能感覺得到，妳內在的潛意識有深層的智慧，它知道如何保護妳，知道什麼時候才能打開，打開多少才對妳是好的……我想對那個智慧的妳說歡迎……歡迎她加入我們的談話。」

小武做了一次呼吸，說：「老師，聽妳這樣說，我真的很想哭……」

「這個哭，是一個好的哭嗎？」我問道。

小武說：「是的，我感覺到被尊重，我感覺到被支持、被允許和被看見。」

我做了一次呼吸，去感受她內在的渴望和不同面向……我感受著，然後帶著平靜的聲音對她說：「妳內在有一個部分需要支持、聆聽、看見和療癒。」

小武深深地做了一次深呼吸，明顯放鬆了很多，我能感受到，在這個放鬆的空間裡一定沒有強迫。小武接著向我說起了她的近況：「老師，幸好現在有新冠肺炎疫情。」

我說：「為什麼呢？」

她說：「因為疫情，我就不需要到外面見任何人，我把門關上，有了一個允分的理由不用出門，然後每天就躺在床上，蓋著被子。我最長時間的一次紀錄，是三天不起床。」

「嗯，那麼妳的體驗是什麼呢？」我問。

小武回答：「我感覺好放鬆……我終於有一個機會和自己好好地待在一起。因為當每一天我起床面對其他人的時候，我總是感覺到別人在責怪我。從小，我被父母挑剔、指責，無論我做什麼，他們都覺得我做得不夠好。我想學習不同的愛好，他們覺得那是在浪費時間。每一次，當我想嘗試新的事物，他們都批評我不務正業……但是，現在我終於可以用被子把自己蓋上，不需再面對其他人的目光了。」

我安靜了一會兒，看著小武，輕輕地說：「很遺憾聽到妳這麼說，在成長的過程中，這個小女孩受到了這麼多不公平的對待……讓她感覺自己不夠好，讓她受傷。為了保護自己，她只能躲起來，願我們能打開自己的心，給她一個位置，給她尊重，讓她可以在我們之間感覺安全和受到歡迎。」

聽著我的話語，小武的眼淚不斷地流下來，我們靜靜待了一會兒。

「小武，但是我也很高興，在這個成熟的年紀，她來到了妳這裡，她需要妳的聆聽，需要妳把療癒帶給她，她想通過妳，來到這個世界甦醒……」

我看著她做了一次長長的深呼吸，通常這代表內在整合開始發生。接著，我問了小武一個問題：「想像一下，如果我們這次見面，在未來可以為妳的生命帶來不同和改變，那會是什麼呢？」

她又做了一次呼吸，眼睛突然亮起來，說：「天啊，有一個詞蹦出來，是我從來沒有想過的。」小武接著說道：「我想我的生命能夠更加奔放！」

奔放，一個引起我內在深深共鳴的正向意圖。

我邀請小武和我一起深呼吸，帶著這個新的正向意圖，進入到催眠狀態裡，觸碰未來的畫面，感受著奔放的生命力，一種身心共鳴的生命體驗。

小武張開雙手，臉上露出了微笑，安靜地感受著。諮商結束的時候，我對小武說：「妳根本沒有嚴重的強迫症，只不過是妳沒有活出奔放的生命。」

一週後，到了小武的第二次諮商，但這一次到了約定時間，我等了一陣子她還沒出現。遲到或許是諮商過程不可或缺的一部分，於是我通知助理不要發訊息提醒她，在這一個小時裡我會等待她到來。

大概過了二十分鐘，小武來了，並且她說：「老師，我遲到了。謝謝你沒有追問我，因為遲到對我來說很有意義。我只要約人見面或社交便會很緊張，忍不住不停洗手，一直洗……拖到時間過了，我更加恐慌而無法出門，只想讓自己躲起來不見人。就像剛剛，我知道諮商時間到了，我就去洗手，似乎在『測試』你會怎麼樣回應我。於是我把手機放在洗手槽旁邊，一邊看著電話，一邊洗手。想看你會不會打電話或者發訊息追問我，但你沒有，我就更加放鬆了！於是我決定再洗手一陣子，就來找你。」

小武帶著歡快的聲音和我分享著，我回應她：「妳的覺察和分享讓我很感動。我能感覺得到，或許妳內在的這個部分曾經做過很多次像這樣的『測試』：我把害怕和脆弱的我向人們打開時，人們會如何對待我呢？但是，我想當妳這樣做的時候，換來的往往是外在世界的負面回應……」

我打開身心感受小武，帶著和她的連接，嘗試著進入她的內心深處，站在她的視角和她一起向外望出去。

我們的身分認同常常來自我們內在保有的那雙「眼睛」。小時候，父母是我們的意識，父母回應的方式，在潛意識裡內化為我們看待自己的「眼睛」。

在小武成長的過程中，父母對她非常挑剔，常常指責她。為了滿足父母的期待，她不斷地要求自己表現得更好，用所有的力量去壓抑自己的需求和脆弱。

催眠大師艾瑞克森說：「精神官能症是因為一個人沒法說出自己的渴望。」「症狀」是渴望的負面表達。如果渴望能夠被聆聽和被表達出來，那麼，症狀就可以轉化為資源。

在小武和我的諮商中，她終於體驗到：曾經當緊張、害怕、脆弱襲來時，這些內心深處自然的人性需求，只能用「強迫」的方式表達，無聲地向世界講出渴望——「我渴望被理解」、「我渴望安全」、「渴望被溫柔對待」；洗著手，看著手機，等待著世界的回應。

現在，她慢慢地感受到關係容器中的包容、允許、信任……好像有一個回應的聲盲對她說：「沒有關係，我看見妳了，我感覺得到妳，我願意接納妳，而不是來改變妳的，妳只要保持現在這樣，世界依然會愛妳。」

小武的「測試」終於在與他人的關係中，體驗到了不同的回應，在人類的社區中被賦予了新的意義。

同時，通過這種回應，我希望能讓小武覺察到，她需要把成年的「認知自我」與身體中「強迫的自我」區分開來，並改變她們之間的關係和回應方式。

「除了我可以為妳這樣做，最重要的是妳也可以為自己這麼做。在妳還小的時候，無法照顧自己的需求，只能仰賴父母；現在，妳可以給予內在那些不得已沉睡的部分人性的連接，邀請現在成年的自我，帶著愛，友善地對待她……是時候把人性的光輝帶到這個沒有光的地方了，妳內在的這個存在，她想通過妳來到這個世界，她想讓妳帶著她進入世界，創造奔放的生命、奔放的未來。」

讓每一個不同的自我，都融入更大的場域

能量相遇的方式，決定了問題是變成一個更大的問題，還是轉化為生命資源。

吉利根博士十九歲時就跟隨艾瑞克森學習。他常常分享道，艾瑞克森在給他做催眠時，就像有一個閃爍著光芒的、慈祥的老人在他的生命深處包容著他。那是他生命中最美好、最深刻的體驗。

吉利根博士感受著深深的平靜，與完全的信任，有那麼一瞬間，一個念頭飄過：「我多年構築起來的自我防線，這麼輕易就被這個老頭攻破了嗎？」一種不安全感及隱憂升起，那些早年的脆弱、挫敗、害怕、悲傷……好不容易鎖在了地下室，萬一門打開了，全部跑到樓上來，那就糟糕了。

但是，他馬上感受到艾瑞克森慈悲的臨在對他說：「我來這裡不是要改變你，你不需要改變，你就這樣，我就可以支持你，可以愛你。」

在這之中，所有深鎖的部分慢慢打開，慢慢降落到金色光芒之中。那些脆弱輕輕

掉落，被輕柔地接住；挫敗也輕輕墜落，被輕柔地接住；害怕掉落了下來，被輕柔地接住；悲傷被溫柔地接住……每一個不同的自我，都融入一個更大的場域。

無論生命中有多少破碎和傷痛，破碎並不等於我，傷痛也不是我。一個比破碎、傷痛更深的地方，有一個更宏大的臨在，如果你足夠信任，將自己交給這個更偉大的力量，那麼生命真正的自由就產生了。

當你和身體自我連接時，把祝福灌溉到身體中心，便能喚醒對美好存在的覺察。

你向更大的場域打開時，將喚醒對於關係場域的覺察：我屬於更偉大的整體、我屬於大自然、我屬於社群、我屬於祖先的智慧……我是宇宙的一部分，而宇宙也在我之內。

如果你帶著正念來認知自我時，會喚醒自我感和世界感，在不同的心智中流動、支持、互補，一個更宏大的臨在深深地紮根於你的內在。我們根紮大地，同時向這個無常變化的世界敞開心胸，接納生命旅途中到來的一切人、事、物，幫助我們創造更加美好的人生。

正如艾瑞克森所說：「命運的車輪會碾過我們每一個人。每個人都會經歷心碎，重要的是，這個破碎是讓你的心打開，朝向外面更大的世界，還是讓你把自己封閉起來？」

智者說，心是註定用來破碎的，但不是粉碎，裂縫是光照進來的地方。

憂鬱：如何照亮灰色靜止的世界

◆憂鬱背後，有著深刻的正面動機

憂鬱，幾乎是這個時代中，許多人不得不面對的一個心理挑戰。困在憂鬱的狀態中，加上我們自身對它的誤解，以及身邊人對憂鬱的錯誤對待，往往會讓小問題變成更大的問題。

那麼，要如何為憂鬱這一片灰暗的世界帶入一絲光明，並循著這道光找到出路呢？我想，以下這個故事能夠讓你體驗和學習到：當我們在充滿挑戰的生命旅途中連接和攜帶資源時，資源就是照亮和遍及我們生命中每一個角落的那道光。

紅莉帶著女兒安安從另外一個城市坐飛機到廣州，尋求心理諮商，原因是安安被診斷為憂鬱症，輟學在家，女兒的狀態讓她焦慮不已。當我們三個人坐在諮商室中的時候，我明顯感覺到三股完全不同的能量存在於這個空間。

紅莉，熱情而又禮貌地說著她從網路上看到我的專訪，被深深觸動，直覺地認為我可以對她的女兒和家庭有所幫助，不遠千里到來，對我充滿厚望。

安安，如同一個入定的禪師，身體紋絲不動，但她的眼神和我過去接觸的來訪者不同，沒有任何對權威的投射[6]與討好。她安靜地、冷淡地審視著我，無聲地在我身上找尋著可以讓她信任的蛛絲馬跡。

在和安安眼神交錯的那一刻，她的雙眼似乎看穿了我故作鎮定的外表，直

---

6 在心理學概念中的投射（projection），意指個人將自己內心所厭惡、無法接受的特質投映在他人身上，當個人看到他人身上出現類似（或根本沒有）的行為或特質時，就會對他產生負面感受。

視著我諮商師面具背後的冒牌者症候群[7]：來訪者帶著這麼大的期待來到我這裡，我到底能不能幫得到他們？

也就在這一瞬間，我決定放下所謂助人者的角色和面具，放下「對」的理念和技術，用真實和坦誠來面對面前這個女孩。我對她們的到來表達了歡迎，並注意到安安的手腕處有一塊塊瘀青，於是我問是怎麼回事。

紅莉回答：「那是前兩天我帶孩子去了醫院做全身檢查，當時抽血留下的，在醫院也做了電腦斷層，醫生說孩子的身體沒有問題，但我總覺得她有問題。」

安安突然臉部變得扭曲，轉頭盯著媽媽，豆大的淚水簌簌而下，顫抖著的聲音從牙縫裡擠出來：「妳怎麼可以說我有問題……」她的聲音顫抖，交織著委屈和憤怒。

安安的話像電流一樣流過我的全身，我馬上感覺到，一個為生命中某些「不公」而抗爭的戰士原型來到了我們之間。

顯然，這股火一般的生命能量，在人類的社區並不受歡迎（特別是家庭的場域），無法正向地表達和綻放在世界上，於是被壓抑住，這或許是安安只能用「憂鬱症狀」去抗爭的原因吧。

憂鬱往往意味著能量向內轉移，導致我們無法與外在世界建立連接，當內心的感受、需求、能量不被接納的時候，這些動力就會轉向內在，讓我們感到憂鬱、壓抑等等。但其背後的正向動機是，讓我們保存能量，不再消耗。

安安的話就像從深淵深處發出的吶喊，而且我可以想像，她每一次聲嘶力竭的吶喊換來的回應往往是「妳有問題」。

我輕輕地拍了拍安安的膝蓋：「嘿，妳可以抬起頭，看看我嗎？」我聲音輕柔，希望可以安撫她緊繃的神經，讓她可以感覺放鬆一點。

---

7 指某些人堅信現在的成功並非源於自己的努力或能力，而是憑藉著運氣、良好的時機，或別人誤以為他們能力很強、很聰明，才導致他們的成功。

安安微微地抬頭，我篤定而溫和地看著她的雙眼說：「安安，我從來不認為任何人有問題。也許他們只是比較獨特，但是當世界不能理解這份獨特的時候，人們就認為他們是異類。」

接著，我稍稍轉向紅莉的方向，對紅莉解釋說：「事實上，在日常的心理諮商中，如果沒有嚴重的生理因素，我並不支持給來訪者輕易下診斷。診斷不僅會限制諮商師的視角，影響諮商師把來訪者當作人來建立關係的能力，而且一旦做出某種診斷，諮商師或許就會傾向於選擇性地忽略來訪者不符合診斷的面向，甚至可能推動來訪者表現出相應的特質。」

雖然我貌似對著紅莉陳述我的諮商理念，事實上，我是在提醒紅莉：父母也是創造出孩子「問題」的合作者。更重要的是，我間接在向安安表達我的態度：妳不是一個待被解決的問題，而是一個有著人性的存在。

安安慢慢地平靜下來，與剛開始的冷峻審視不同，眼睛裡開始有了一些神采。再一次，我溫和又堅定地看著她的眼睛，對她說：「安安，我在這裡並不是要改變妳，我在這裡只是要陪伴妳，妳現在這樣就很好，我會支持妳。無論是妳媽媽還是我，又或者是現在的妳，每一個人在生命的旅程中，都會遇到一些感覺難以跨越的坎。我很榮幸在這段旅程中做妳的同伴。」

這些真誠的話語，同樣也是說給我自己聽，時刻提醒我自己：讓我的心向面前這個活生生的人打開，讓她觸碰我，讓她教導我。

◆從來訪者的視角看世界

「安安，聽妳媽媽說，妳是讀化妝專業的。我很喜歡妳身上穿的冬衣和球鞋，還有挑染的頭髮，不張揚但很有個性，很適合妳。我想，妳對美感有很獨特的理解，對嗎？」

「不是，我想賺錢。」「賺錢之後，妳想做什麼呢？」

「我就可以離開他們。」「他們是誰？」

「爸爸媽媽。」「離開爸爸媽媽之後，就可以怎樣呢？」

「我就可以安靜了。」「妳可以多說一點嗎？」

「世界太吵了，我好累……」

年紀輕輕的她，發出深深的嘆息。我做了一次深呼吸，打開心，去感受安安這個疲憊的、想要逃離的部分。

「安安，妳的內在深處有某個部分感覺疲憊不堪，她想逃離，但她是有意義的……因為，在更深的地方，隱含著一個渴望。我不禁想，妳從一個小女孩變成少女，從少女到成年，接觸到成人的世界，或許一下子對妳來說，有太多的不確定、期望、要求、責任……天啊，原來成年人的世界那麼吵，對於你的內在而言，也許無法一下就適應。我想對這個感覺疲憊的、想要安靜的她說，無論如何，我都不會去改變這個部分，我想讓她教導我們，帶領我們，幫助妳在未來體驗更多的寧靜……」

我一邊說著，同時也在測試，我是否能夠進入安安的世界，和她一起站在她內心深處的窗口望出去。她似乎向我打開了一點點，與我之間的連接多了一些。

我繼續問道：「安安，媽媽陪妳過來和我見面，通過這次見面，當妳回到生活中之後，妳最想為自己帶來的改變是什麼呢？」她突然像迷失了一樣，失神飄走了一會兒，毫無動靜，然後審視的眼神再次變得冷峻。

我提醒自己不需要追逐標準答案，帶著平和，慢慢把身體轉向坐在她身旁的媽媽紅莉，問她：「妳現在和女兒，還有誰一起生活呢？」

紅莉說她和前夫在安安三年級的時候離婚了，現在他們分別都有自己的家庭。前夫也和妻子有了自己的孩子，安安和媽媽、繼父一起生活，但是安安和繼父的關係不好，每個星期有一兩天她到親生爸爸那裡住，和親生爸爸的關係也不怎麼好。

瞭解到這些，我似乎能更多地理解安安說的「世界太吵了」這句話背後蘊含的意義了。

從來沒有黑暗，只是光沒有照進來

我輕輕移向安安，問她：「安安，妳生活中有好朋友嗎？」她搖搖頭。

「妳有什麼興趣愛好嗎？」她搖搖頭。

「妳和什麼在一起時，最能感覺到這個世界特別安靜呢？」突然間，她眼睛往上跳了跳，一絲幾乎覺察不到的笑容飄過她的嘴角，她說：「我很喜歡和寵物們在一起。」

「哇，寵物們？可不可以跟我說妳養了什麼寵物？」

「我養了四隻貓，一隻狗，兩隻鸚鵡。」

「妳已經可以開一個小型動物園了，可以告訴我牠們的名字嗎？」我帶著好奇的語調回應著。安安如數家珍：「我的小狗叫不羈，四隻貓分別是太陽、獅子、小六、小白，兩隻鸚鵡叫樂樂和甜甜。」

我打起精神，提醒自己要在最短的時間內把這七隻寵物的名字記在心裡。我重複地說著這些對於安安來說有特別意義的名字。牠們是安安生命裡閃閃發光的資源。我們通過覺察，攜帶著這些正向資源，就可以「打開、超越」任何負面的體驗。

「有兩隻小貓，也就是太陽和獅子放在我親生爸爸的家裡，我去爸爸家的時候就有牠們的陪伴。」安安主動地向我分享著。

我點了點頭：「我能感覺到，妳的內在有一個充滿智慧、又具有創造力的潛意識存在。當生命中有些很重要的東西，無法在世界上得到連接時，妳自己會去發現這些連接。妳是我見過養寵物最多的人，妳懂得去連接這些活生生的生命存在：不羈、太陽、獅子、小六、小白、樂樂、甜甜，當妳和牠們連接，便能感受到當下的美好生命力。我邀請妳做一次呼吸，輕輕地閉上眼睛……去感受一下，當妳和牠們在一起時，可能在散步，可能在玩耍，可能把牠們輕輕地抱在懷裡。在那個地方，妳感受到了什麼呢？」

「安靜……」安安輕輕地說道。

「那真是太好了，我邀請妳再做一次深呼吸，到內在感受到安靜的地方，在那裡待一會兒。那不是很棒嗎？妳可以為自己創造妳想要的生命體驗。」

安安沒有回答，但做了深呼吸。我可以確信，那是內在開始療癒和整合的呼吸。

我轉向紅莉：「在這個過程中，妳作為我們的觀察者，有什麼想法和感受？」紅莉一邊流著眼淚一邊說：「我們認為她這裡不好，那裡不好。我常說，妳要努力，妳要勇敢，妳為什麼不爭氣……我對她只有擔心、焦慮和指責，但是你卻尊重她。」

我的辦公室裡一直掛著一幅畫，上面寫著艾瑞克森的話：「生命不是一個你在今天就可以給出答案的東西，享受等待的過程吧，享受成為你自己的過程，再沒有比播下花的種子，卻不知將會是什麼樣的花盛開更喜悅的事情了。」

最後，我邀請每個人回到此時此地，分享一下今天我們見面的感受。

紅莉說：「我很感恩有安安這個女兒。」

我把眼睛望向安安，期待她有進一步的分享，但她搖了搖頭。我感到一絲失落，但很快調整了自己的狀態，接受她的反應，然後繼續問道：「如果用一個畫面來表達當下的感受呢？」（憂鬱的人往往語言匱乏，但內在畫面豐富，這是他們的天賦，卻也往往是造成他們痛苦的原因。）

安安說：「白色裡面的光。」我做了一次深呼吸，把這道白色裡面的光帶到心裡：「安安，我感受到了……白色裡面的光，這個畫面引起了我的共鳴，我能夠感覺到它對妳很重要。我會支持妳，祝福妳，祝妳夢想成真，在妳的生命中創造更多的安靜，像是白色裡面的光，純淨、安詳、平靜、自由、安靜、享受（我試著為這些感受賦予意義）……」

我帶著催眠性的聲音，希望能把這些共鳴和祝福灌溉到安安的身體中心，並且賦予它意義。如愛爾蘭詩人約翰・奧多諾赫（John O' Donohue）所說的一樣：「願一縷輕風把這些充滿愛的話語吹向你，環繞在你周圍，像一件隱形的美麗披風，眷顧你的生命。」

我向安安伸出手，她也回握住我的手，靜靜地停留了五六秒左右。最後，我向她們母女表達了對於她們到來的感謝，在這個喧囂的世界，因為這一次相遇，我的心更加打開了，更安靜了……

兩千多年前，被稱為西方哲學第一人的泰勒斯（Thales）說：「我是一個人，不要讓任何人性的東西與我疏離。」

問題之所以成為問題，是因為我們暴力地、非人性地對待內在那些本是人性的、自然的存在。如果，內在不同的面向，都能得到人性的連接和觸碰，那麼，療癒一定會發生。

艾瑞克森曾說：「所有人在屬於個人的生命歷程中，早已擁有解決自己困境的豐富資源。」其中，有很多種方式，可以讓我們重新連接到內在資源。比如，在你的生命裡，誰真的愛你？支持你？讓你感覺到有人相信你，你可以放手去做。也許是你的老師、寵物、朋友、親人等等，花一些時間，留意一下誰出現在你的腦海裡。

經歷越多，我們越會明白，生活是起落不定的，關係是複雜的，世間充滿著無常的變化。**而不斷地重新連接內在資源，會讓我們在無常中得以安身立命**。

在面對挑戰的時候，和內在資源進行連接，讓我們可以體驗到，自我依然是完整的、豐盛的，而外在的變化並不意味著自己必然也會陷入混亂和分裂。當我們越來越多地練習連接資源之後，我們會獲得支援，獲得力量，並不斷生長出坦然自若的自信和穩定。

生活不容易，有很多的挑戰，我們也註定會受傷，但每一個人在自己的生命裡，都擁有豐盛的資源，等待你擦亮眼睛去發現，並攜帶著這些它們朝向生命的旅程。

那麼，好事將會不斷發生。

如佛陀的教導：「從來沒有黑暗，只是光沒有照進來。」

童年傷痛：我覺得他們欠我一個道歉

◆童年時的壓抑委屈，演變成火一樣的抗爭能量

在我接觸過的諮商個案裡，常常會遇到一些把自己訓練成「職業病人」的個案。受害者是他們主要的身分認同，並且常見的是，他們描述這種身分認同的「故事」的方式，進一步強化了他們受害者的身分。比方說：

- 「發生這樣的事情，我覺得人生被毀掉了。」
- 「小時候媽媽常常指責我，即使現在我四十歲了，也依然感到很自卑。」
- 「我是單親家庭長大的孩子，所以我在親密關係中感受不到愛。」

就算時間已過去數十年，事過境遷，他們仍然卡在古老的負面催眠裡，重複著受害者的身分、信念、情緒和行為，創造同樣的負面現實。

我為這些曾經的受害者感到心痛。但同時，也期待他們能找到更有效的方式，將童年傷痛轉化為資源。接下來，我將通過一個案例，分享如何一步一步化解傷痛，如何理解傷痛和症狀不斷重複到來的意義，如何回應這份傷痛，如何與那個受傷的小孩相處，並給她一個溫暖的安身之地。

◆ ◇ ◆

這是李洋和我的第五次諮商，她四十歲，個性內向，獨自撫養一個孩子，從事科學研究工作。因為親密關係的傷痛，還有無法抑制的情緒氾濫而來找我諮商。

在過去的幾次諮商中，她幾乎都是千篇一律的開場白。每一次她都會重複地提到，現在她生命中出現了這麼多問題，都是因為小時候被父母指責、操控，以及父母對她的不尊重，讓她的童年有很多創傷，而創傷的經歷又如何影響著今天已經四十歲的她，影響著她的情緒狀態、家庭、工作和關係……每一次提起，她都陷入充滿憤怒、委屈的情緒浪潮之中。這一次見面，我打算在這個議題上做出一些突破。

諮商的開始，她向我談起前兩天帶孩子去公園玩的經歷。她說：「我們在公園玩了一陣子，後來我兒子和另外一個小孩因為爭玩具，互相推擠了一下，我兒子就哭了。看到兒子在哭，當時我只有一種衝動和想法：如果我的兒子被欺負，我不站出來保護他，會不會對他造成影響呢？如果我不為他討回公道，兒子會不會覺得我是個軟弱又沒有力量的媽媽呢？」

她接著說：「所以我一定要去抗爭和爭取些什麼！這個念頭一閃而過，於是我對著小朋友的媽媽，開始大聲地指責。沒想到那個小朋友的媽媽也毫不示弱，嗓門甚至比我還大。我們激烈地爭吵起來，場面越演越烈，一發不可收拾……」

停頓了一下，她說：「當時，我就是有一種強烈的衝動湧上心頭，好像我非得要去抗爭些什麼，要不然情況就糟糕了。可是，事後平靜下來，我也覺得只不過是兩個三歲孩子間的小爭執，我何必要找那個小孩的媽媽大吵大鬧？」

李洋向我訴說的同時，我腦海中浮現出她在過往諮商中常常跟我說到的一個經歷。在她六歲左右的時候，只要她吃飯拖延一兩分鐘，父母都會把她大罵一頓。所以從那時候開始，她只能選擇忍受和屈服，做父母眼裡的乖孩子，這樣她才有好日子過。但是，她一直想爭取屬於自己的尊嚴。

一直到現在，這種抗爭在她內在從未停止過，甚至她曾找父母爭論，想讓父母認錯，承認過去給她的種種不公平對待。

在一次家庭聚會中，她甚至公開質問父母：「難道你們不覺得欠我一個道歉嗎？」然而，她的父母並不覺得自己做錯了，還認為這種教育方式是對的。

她無法從父母那裡獲得想要的公平，內在這股強烈的抗爭能量便持續潛伏著。

這也反映在她和他人相處的過程中，雖然在別人面前表現出溫順的樣子，其實她內心有很多的想法不敢表達。但當看到別人表現得特別優秀的時候，她又會覺得自己很差勁，不夠優秀。內在這些衝突的體驗，讓她把這一切歸咎到童年被父母不公平對待和束縛，是父母造成了今天這樣的自己。

每一次觸碰到這些衝突的感受時，這種如火一般、憤怒的、抗爭的能量就會淹沒她，有一種強烈的衝動湧起：我必須要找回屬於自己的公平！這個內在吶喊的聲音一直存在著，以致於即使是兩個小朋友之間的矛盾，都能引發她內在這股要抗爭的能量，讓她退化回到一個小孩的狀態。

◆抗爭的能量，是你的生命之火

我靜靜地聽完李洋的講述，柔和地看著她，帶著調侃、頑皮的聲音對她說：「因為兩個小孩之間的小爭執，而變成兩個成年人之間的大爭吵，那一刻，妳覺得妳是處在一個什麼樣的年齡呢？是成熟的大人，還是一個退化回到幾歲的小孩呢？」

她若有所思地點點頭，說：「那個時候我根本就是個小孩！我腦海裡浮現出成長過程中，父母對我的禁錮、控制、指責的畫面，於是就想去抗爭、去爭取，把這種憤怒的情緒發洩出來。同時，我也擔心我的孩子如果看到我的懦弱，會對他的成長造成負面影響。」

我看著她，深深地做了一次深呼吸，去感受在她還很小的時候……她感受到的某些「不公」的對待，沒有人能夠在那個時候幫到她、安慰她。為了能感覺好過一點，為了能夠活下去，她只能壓抑這股火一般的能量，壓抑對世界可以說不的力量。

我連接著她的身體中心，帶著尊重、善意對她說：「李洋，我想對妳內在這股抗爭的能量說歡迎，歡迎……在這個地方，有一個存在，我想給她很多的尊重。在這裡，有一股火一般的能量、一股生命力，她對你來說很重要。她是妳的生命之火，也是妳的生命力之源，她是妳所有的力量所在。我想對這個美好的存在說歡迎……」

我接著說：「我在想，也許妳曾經把這股火一般的能量帶入世界，呈現在家庭的場域中——媽媽，我不要！我也有自己的感受……但是很遺憾，也許妳父母認為這股剛強、勇猛的能量是不好的，這火一般的能量是有傷害性的，導致妳只能把內在的那個她壓抑下去。但是，今天我很高興，妳開始去探索和學習如何正向應用這些原始的生命能量，知道這點，那不是很好嗎？祖先的原型生命力想通過妳，在世界上正向地、人性地表達。」

心理學家榮格幾乎花了一生的時間研究原型（archetype）[8]，他認為人類的潛意識裡有很多原型，它們象徵著我們對世界某一部分存在的共同認識。其中，在我們每個人的生命中有三種原型能量：溫柔（tenderness），頑皮（playfulness）和勇猛（fierceness）。

在帶著人性的臨在去連接這些原型能量之前，這些沒有被完全人性化的動物能量，無法在人類社區被正向應用，比如勇猛可能會演變成暴力，溫柔會變成懦弱，而頑皮也許會被表達為玩世不恭。

在和李洋的互動中，我意識到一個未被人性化的原型能量到來了，勇猛被表達為暴力。所以我該做的第一步是，讓李洋理解這股原型能量不斷到來背後的意義：她想讓妳連接她，看見她，她想通過妳在人世間綻放光輝。

吉利根博士在《愛與生存的勇氣》中談到，症狀經驗本質上是：原型召喚我們去超越認知自我的界限，並且轉變為人類深層經驗的一部分。就這一點而言，原型的存在是為了提供支持，喚醒人對於存在於自己內在和這個世界上的覺知，並引領著我們應對在這個原型領域（個案中勇猛的原型能量）中的成長發展。我們也將會發現，人們對於原型的支持，同樣也是很重要的。二者相互支援，是成熟關係的一個特徵。

通過人性化支援的回應，我們能夠應用每天的基本經驗去發展個人的特質。這也是榮格說的自性化歷程[9]，即成為自己、自我實現的旅程。

8 在榮格的心理學理論中，人格原型是指我們內在之中，存在著集體潛意識所形塑的人格面貌，並以本能、直覺而衝動的方式出現，導引我們活出某些特質、鍛鍊出某些能力，也從中學習該面對的成長課題及任務。

9 自性化歷程（individuation）：意指一個人最終將成為一個整合性、且不同於他人的自我所經歷的過程。

接下來，我們要做的第二步就是，把人性化支持的回應，帶到祖先的原型能量升起的地方。

我對李洋說：「當這股火一樣的抗爭能量來到時，是時候把妳現在的資源帶給那個年幼的自己了。運用智慧和技能，去練習把資源帶給她，幫助她，去好奇如何正向地應用這股火一般的能量，在什麼時候可以有智慧地說『不』，在什麼時候可以說『是』。

也許，妳可以對那個年幼的自己說：我看見妳了……我感受到這股抗爭的、憤怒的能量，這股能量對我來說很重要，它是火一般的能量、活生生的生命力，能夠說『不』，能夠保護自己很重要……現在我回來感謝妳，妳是一個很棒的孩子，謝謝妳帶給我這麼多的勇氣、力量。現在，我知道，在我的生命中，我不會剔除、去掉這股能量，我想感謝妳帶給我的勇氣、剛強和生命力。

在這個年齡，我已經比過去更有智慧和資源，謝謝妳在這裡等我，我想回來把資源帶給妳。讓妳知道，我很好，我沒問題……也邀請妳幫助我、支持我，學習正向地應用說『不』的能量，讓我的生命可以活出自在、放鬆、自由和勇氣。

妳現在不需要去抗爭了。那時候是因為沒有資源，妳不得不這樣做，但是這些已經過去，現在不一樣了，妳現在有其他選擇，妳有能力開始學習如何有智慧、正向地使用這股火一樣燃燒的能量，妳可以保護自己的界限，也可以向他人敞開，和世界有更多的連接。運用祖先賦予妳的原型能量，正向的剛強，正向的勇猛，擁有更多的流動與自由，並且享受生命。」

她深深地做了一次呼吸，輕柔地點著頭……

◆邀請火一樣的抗爭能量，進入更完整的生命空間

曾經有學生問我：「童年的傷痛是否會影響一個人的性格和命運？」

當時我回答：「不全是。」因為成年後的你如何回應這段成長的經歷，以及賦予

這段成長經歷意義，決定了是否可以把「問題」轉化為資源。「因為A，就會導致B」，這樣一種簡單粗暴的思考方式，餵養著我們的頭腦需要合理性和安全感的需求，卻失去了與生命原始動力的連接。這會讓我們失去流動性和創造力。什麼都需要確定和合理化，是頭腦的一個幻想，也是產生問題的原因。因為這樣的思考總結讓我們變得僵化，成為過去的受害者，而不是對未來有好奇心的創造者。

在生命旅途中，當我們創造一種新的關係、一份新的事業、一個新的目標、一個新的未來時，過去那些未被整合的傷痛，未被療癒的「受傷的自我」，常常會被喚醒，來到我們前進的道路上。

這就是一個回饋，「他／她」知道你現在已經有了充分的資源，「他／她」在召喚你把資源帶到「他／她」那裡，這樣「他／她」就可以成長和療癒，加入到一個完整的自我之中，朝向生機勃勃的未來。

然而，大多數人不知道如何面對過去「受傷的自我」，使得自己進入崩潰的狀態，緊緊地鎖上了不安全感、害怕、脆弱、恐慌。這時，「資源匱乏的自我」占據整個生命空間，而「成熟的自我」離開了現場，消失不見。

當未經整合、受傷的部分，成為你生命中最主要的感受，而成人的你不見了的時候，你會跌落到無盡的受苦時刻。

榮格說過這麼一句話，潛意識總是想要平衡。在你的生命中，有些症狀之所以反覆地出現，是為了提醒你，有些東西一直被你忽略，它們需要被看見、被重視、被連接。

就像李洋，在她小時候，她不得不把那一股火一般的抗爭能量壓抑下來，因為不允許表達。然而，到了現在這個年齡，如果不練習如何正向表達，這股剛強、勇猛的能量就會一次又一次地以破壞性的形式表達出來。即使是面對兩個小孩的矛盾，她也會怒火中燒，動物性的能量占據了全身，導致成熟的人性離場。那麼，她就無法在世界上創造正向的現實。

托馬斯・默頓（Thomas Merton）是一位僧侶，他有一句名言說道：「我之所以成為一個和尚，並不是為了受更多的苦，而是為了更有效地受苦。」他還說過：「當我們相信負面經驗不能被轉化的時候，暴力和壓迫就出現了，我們在恐懼中轉身離開，而後以憤怒、敵意、暴力轉向內在或者投射到外在。」

因此，為了療癒，我們需要找出方法，對每一種生命中的經驗開放，並與之相連。

每一個人生命中的不同面向，如果沒有被人類社區、人性的善意觸碰和看見，就會演化成一種暴力的呈現，變成一個「破壞性的自我」。所以，帶著尊重去觸碰這一股能量，去看見和重新連接，就可以去轉化和接納「他／她」成為生命中強大而完整自我的一部分，並在這種完整中引導改變和創造性的發生。

什麼是成長？

讓我自己向生命中的一切事物打開，通過打開，越來越成為這個世界的一部分，這就是成長。讓每一個部分成為世界的一部分，就是成長。不需要制止那一股傷痛的淚水，而只是給這淚水一個溫暖的安身之地。

自我感錯位：孩子不是父母自我感的延伸

孩子的問題，往往源于父母的自我感錯位

詩人紀伯倫（Kahlil Gibran）說道：

你的孩子，其實不是你的孩子，
他們是生命對於自身渴望而誕生的孩子。
他們通過你來到這世界，卻非因你而來，
他們在你身邊，卻並不屬於你。

記得在我孩子一歲多時，有一次出門經過他午睡的房間，看到正在酣睡中的孩子，我過去輕輕地抱著他，良久也不捨得放手。突然間，有一種感覺湧上心頭：天啊！我抱著的不是我的孩子，而是我自己，我抱著的是我小時候的自己，我對他的疼愛，是我對自己的愛。在那一刻我覺察到，無意識中我把我的自我感延伸到了孩子身上。我暗暗提醒自己：未來不要把你對自己的期待寄託在孩子的身上啊！記得照顧好自己內心的需要，也要祝福孩子成為他自己。

紀伯倫的詩是很好的提醒：孩子並不是父母的複製品，也不是父母自我感的延伸。

在諮商工作中，我常常發現孩子的問題，往往是父母的自我感錯位所導致的。父母把「自我的存在感」建立在孩子身上。父母的「自我感」隨著孩子的好或不好而變化，於是，這樣的「糾纏」讓孩子的生命背上了沉重的包袱，最後，為了滿足父母的期待而失去了自己。

靜文的孩子原本非常優秀，但六年級那年，他突然因為頸椎問題引起頭痛而休學。遍訪名醫，都查不出原因。從那以後，孩子就再也沒有重返學校，一直輟學在家。

她回想起來，孩子的頸椎可能是因為常常低頭數撲克牌，鍛煉記憶力而出的問題。她悔恨自己的嚴苛給孩子造成了太大的壓力，每天放學後的奧林匹亞數學班，週末學習大腦記憶方法，填滿所有課餘時間的補習班……孩子參加了各種比賽，也拿了不少獎項，卻不曾想過，這些榮譽原來早已壓得孩子喘不過氣了。

她身體緊繃，聲音急促地訴說著自己的情況：「我兒子已經休學兩三年的時間，他本來應該讀國三了。可能在孩子的成長過程中，我和老公對孩子的要求太苛刻，操控過度了，對他造成了很大的傷害。以前我們擔心他不去上學，但現在非常擔心他以後的人生。」

我一邊感受著靜文面臨的困境、挑戰和糾結，一邊引導她通過身體調頻的方式，回歸到身心的中立狀態：「靜文，讓身體找到一個舒服的坐姿，允許自己沉澱下來，把注意力從過多的思考轉換到呼吸上，放鬆緊繃的肌肉……讓氣息流經身體，放鬆……放鬆……讓氣往下，讓重量往下沉，放鬆，並讓臀部重量往下沉，享受踏實的美好體驗，感受更多的寧靜，深深地存在於當下。」

回歸到中立狀態，可以打開一個比問題更大的空間，抱持生命中複雜的狀況，為脆弱或是問題提供一個「安全的家」，安定下來。呼吸，慢下來，舒緩緊張，帶著專注的穩定力，在混亂裡待一會兒。然後，去好奇如何連接問題以外更多的資源，去觸碰故事以外的人生。

而在崩潰的狀態中，我們會被神經肌肉緊緊鎖在「問題地圖」中，困在自我的有限歷史中，卡在問題裡打轉，而忘記真正想要去的地方是哪裡。拿著「問題地圖」無法幫助我們找到新的目的地。

我繼續引導靜文：「靜文，我聽到了妳現在面臨的挑戰，真的很不容易。但我也留意到，從開始到現在，妳只是談到了自身的問題和妳不想要的東西。我很好奇，妳來找我，是希望通過這一次見面，為妳的生活帶來怎樣的不同呢？」

她愣了一會兒，馬上又回到過往的故事裡，繼續述說著：「以前我帶著孩子做了一年的心理諮商，那個時候的意圖是讓孩子去上學。當時的老師使用了系統減敏感法[10]，讓孩子慢慢減緩回學校的恐懼，但最終沒有成功。現在孩子變得很抗拒做心理諮商，所以我真的不知道該怎麼辦了。」她嘆了口氣，靜默了幾秒鐘。

「靜文，試著想像一下，通過我們這一次見面，妳最希望生命中發生怎樣的改變呢？」我又一次問道。我在嘗試著讓靜文觸碰未來的正向意圖和畫面，從專注問題的狀態，轉變為讓意識擴展到未來理想的狀態。

「我覺得我的人生好像要垮掉了，人生的前半段都很順利，沒有什麼挫折，但這次挫折快把我壓垮了。」靜文繼續喃喃自語，忽略我的提問，很明顯，她

10 系統減敏感法（systematic desensitization）是一種認知行為療法，在臨床心理學中用於幫助患者克服恐懼或其他焦慮症。

習慣性地又一次掉入問題的崩潰狀態中。

神經肌肉緊繃的狀態，會阻斷我們與身體的連接，讓我們無法得到身體智慧的貢獻，無法以一種專注的穩定力，連接到比思考和行為更基礎的能量場，也無法體驗到更深層的潛意識智慧和生生不息的創造力。這往往是讓我們的人生無法突破的原因。

在催眠之中有一個指導原則：我們的狀態創造出我們的現實。

如果來訪者沒有處在良好的狀態中，我會嘗試不同的方法，確保來訪者能夠帶著有創造力的狀態進行更深入的療癒工作。

「靜文，在妳平時的生活中，做些什麼時會讓妳放鬆、平靜，並感覺和這個世界有更深刻的連接呢?」靜文馬上接過話：「我現在每個星期都練習瑜伽，去健身房緩解自己的壓力。我不斷在學習，聆聽一些課程，但有時候工作忙起來耽誤了課程，我就很自責，認為自己不夠努力。」

「很開心妳為自己做了這些很棒的事情，但同時，我也能夠感覺到妳對自己很苛刻，是嗎？」「嗯，我對自己非常苛刻，害怕犯錯、失控，所以我每天都很焦慮。」靜文像一個犯了錯的小女孩一樣說著，「還有，我老公是非常自律的人，他對兒子的要求很嚴格。可能，家庭裡的緊張氣氛也因此施加在孩子身上了……」

「嗯……所以，現在妳的孩子就跳出來囉，對嗎？在小的時候他無法反抗，但進入青春期之後，他多了一些能量反抗，所以，他用「症狀」表達，為了讓你們的家庭回歸到平衡，用輟學的方式，平衡這個家庭中緊繃的能量，對嗎？妳聽到我這樣說，有什麼感覺呢？」

她靜默了好一會兒，喃喃地重複：「平衡、平衡……」靜文的神情告訴我，剛才或許觸碰到了她內在的某個部分，但也超越了她的某些認知。

我輕柔地呼吸著，看著靜文的眼睛，說：「妳的孩子或許在用輟學的方式，讓家庭、父母開始回歸到內在的覺察。就像妳之前提到的，妳的人生本來看起來很順利，以為只要對外在有更多的控制，就可以保住一切。於是妳更努力、更用力、更強迫自己，也更苛刻……但是，如果家庭的場域中這股動力過於緊繃、沉重，這個時候，家庭中就會有一個人跳出來，讓你們不得不去反思自己，把家庭重新帶回到平衡之中。」

孩子的問題，象徵著家庭中某個部分失衡了

孩子是家庭的天平，當孩子出現問題的時候，其實象徵著家庭中某個部分失衡了。孩子把潛在的問題帶到家庭的場域中，讓其他家庭成員意識到，並重新帶回到平衡之中。

我們把意識的覺察帶到沒有覺察的潛意識中，這將是朝向轉化的起點。隨著諮商工作慢慢展開，我和靜文繼續更深入的探索。

靜文談到她孩子在前段時間，把打遊戲的攻略做成一個影片發到網路平臺。幾天的時間，影片點擊量超過一萬多，還賺了三十多塊錢（大約相當於台

幣一百三十三），孩子很有成就感。她也非常肯定孩子，並且鼓勵他：「真的很為你開心，這是你靠自己的勞動賺來的第一筆收入！」

我做了一次深呼吸，讓靜文描述的這個溫暖的場景經過我的心。「靜文，這個畫面很溫暖……妳在做一個媽媽能夠做的最好的事情，給予孩子支持和鼓勵。」

「嗯，但是……現在孩子輟學在家，我對孩子的未來很擔憂。我每天都擔心得睡不著覺，孩子這個樣子，我覺得我的人生都毀掉了。」只是幾句話的時間，靜文再次掉入一種古老的負面催眠中。

「我覺得我的人生沒有希望了。」顫抖的聲音從她緊繃的身體裡滲透出來，一個「脆弱的自我」加入我們的關係。我輕輕地呼吸著，在心口的位置打開一個空間，給這個脆弱的自我一個家，靜靜地和「她」待了一會兒。

「妳可以和我一起想像一下嗎？如果沒有任何問題拉扯著妳，妳最想活出的人生是怎樣的呢？」「嗯……我最想要的是孩子事業有成、健康。」

「嗯，靜文，我的問題是妳的人生。」「我的人生……」她陷入一陣沉默，但在這個靜謐的空間裡，有一些新的東西開始流動。

「也許，父母能夠給孩子最寶貴的禮物是——父母自己活出綻放的生命，活出自己的人生。」我溫柔地看著靜文的眼睛說。接著，我告訴她一個讓我非常感動的故事。

「我的好朋友小健，在小學時有一次數學考試考了三十分，在班裡被老師點名，當眾宣布全班倒數的排名，小健感覺羞愧難當，偏偏老師還規定父母要在考卷上簽名。回家的路上小健戰戰兢兢，想到媽媽可能的反應，媽媽看著自己的眼睛……他很害怕自己再也不是媽媽眼中原來的那個好孩子。

他鼓起勇氣終於來到媽媽面前，把考卷遞出去，手一直顫抖著。沒有想到的是，媽媽帶著放鬆的、信任的狀態，毫不猶豫地簽名，然後對他說，你不會因為考了一百分，更有資格做我的孩子，你也不會因為考了三十分，就沒有資格做我的孩子，無論怎樣，你都是我最愛的孩子。媽媽和爸爸的人生不需要你的成績來證明，無論你的成績怎麼樣，我們都已經擁有圓滿的人生。同時，學習是你自己的責任，我把這個責任交回給你，加油哦，媽媽相信你！

小健說，他永遠記得這一個場景，因為媽媽的力量讓他感受到自己的力量，讓他知道什麼是外在世界，什麼是他自己──我不需要一百分，也可以得到愛，但我依然可以追求一百分，因為那是我自己的目標，是我人生旅途中的風景。這帶給他無比的篤定和踏實。」

靜文聽著，兩行淚水緩緩地流淌下來。我停下來，好讓我們一起靜靜地感受著，在我們之間，有一股篤定而又溫暖的能量流動著……

「現在我明白了，孩子做得好的時候，我就很開心，覺得很有價值感；孩子出現問題，我就覺得自己的人生毀了。甚至我對自己也是這樣，只有我很努力，把所有事情都安排好，按照計畫的結果發生時，我才會覺得自己是有價值的。我的自我感總是隨著外物的擴展而擴展，隨著外在事物的萎縮而萎縮。」

在幾次整合的呼吸後，靜文若有所思地說。

「這真是很棒的洞見。妳自己的生命，妳的存在感，妳自我感的延伸，不是在孩子身上。妳能夠在妳和孩子之間創造出一個健康的距離，一邊連接著妳自己的中心，一邊連接著孩子，而不是把自己完全交出去。」

當我們不再把自我、期待感延伸到孩子身上。我們的存在感不是來自於先生，也不是來自任何人，而是你自己。我們能夠連接自己、愛自己，享受每天的生活，允許犯錯、允許放鬆，連接身體的中心，根紮大地——感受到自己的地盤、自身的存在。我們能意識到，從身體的中心進入每一天，進入世界，生命總是從我們開始。

人在這個世界上存在的意義，就是存在。存在的本身就是存在。也許，這個存在的體驗就是：我享受著當下的呼吸，我的心為當下的一切事物打開，讓生命之河流過我，有悲傷，有擔心，有脆弱，也有力量、勇氣、喜悅。而我們也流過生命，帶著呼吸，帶著好奇，帶著正念與生命之流相遇。

靜文靜靜地閉著眼睛，身體放鬆，輕柔又細長地呼吸著。我想像著我的話語像一縷輕風，拂過靜文。

存在的意義，即存在本身

存在的意義，就是存在本身。

我們存在的經驗，可以通過覺察和連接身體中心得到培養。我和靜文的旅程要告一段落了，我再次邀請靜文閉上眼睛，做一個內在整合。

「我邀請妳連接自己的身體中心，把手輕柔地放在心的位置，把呼吸帶給自己的心，跟這個很重要的地方說：我看見妳，我感受到妳的存在，我接納妳……接納妳存在的任何姿態。

然後請繼續連接妳的心，想像妳站在孩子的面前，去感受妳孩子連接他自己的心，去體驗他來到這個世界上不為證明他的父母有多優秀，也不為證明自己是否值得存在在這個世界上……他連接自己的心，他的心在呼吸，鮮活的心，鮮活的生命。妳的孩子連接著存在本身，連接著生命的原動力……

妳感覺到自己的心連接著孩子的心，妳跟他說，孩子，我看到你了，我感覺到你，我接納你，你不需要改變，你就這樣，媽媽就可以愛你，爸爸就可以愛你……親愛的孩子，你就這樣，你不需要做任何證明，媽媽已經存在於這裡，有自己存在的意義……孩子，感謝你的生命通過我們而來，我們愛你。

在這個地方待一會兒，做一次呼吸，為妳的內在做一個整合，看到未來的改變……和孩子一起朝向未來，閃閃發光的未來，美好的畫面溫暖、平安、享受、自由。那真的是很棒……」

在生命的旅途中，我們常常通過他人的眼睛，透過他人的凝視，形成某種看待自己的方式，成為他人眼中的自己。

但如果，我們總是無意識地將別人，尤其是重要關係中父母、伴侶、孩子的好或者不好，內化等同為「自我的存在感」，我們就無形中把自我交給了其他人。

那麼，我們的自我感就會隨著他人看待自己的眼光變化而改變，我們將迷失自己，不知道自己是誰，也看不見自身的潛能與優點。

孩子並不是父母的複製品，也不是父母自我感的延伸。我們要認清這一點，並不斷地通過練習回歸身體中心，回歸到自我的存在之中。

我想，你會在關係中找到更多的和諧、力量、清晰與穩定。

練習　創造性地接納自己

本章的練習，我想以著名德語詩人里爾克（Rainer Maria Rilke）的一首詩開始，這首詩收錄在詩集《時間之書》中。

里爾克早年還是一個窮學生時，住在教堂旁邊的一間小房子裡，每一個整點，教堂的鐘聲就會傳來。「咚……咚……咚……」你可以想像，里爾克就在這小房間裡創作，一般人可能都會覺得鐘聲好煩人啊，它會影響工作和生活。但是，里爾克打開了身心的管道，與鐘聲共振，一會兒，新的體驗，新的靈感，新的意義……從內在深處升起。

里爾克在他的詩裡寫道：

鐘聲敲響，就在我頭頂的上方，
清晰，鋒利，

感官在鐘聲中震盪。
我感受，我擁有一種力量，
去觸摸世界，給它塑造成型，
萬物靜立，等待我的抱持，
否則他們就不會成為真相。
是我的注視，
讓這一切成熟，
我的目光，好像是一個新娘，
看著一切向我走來，
去遇見和被遇見。

如果當時還是一個窮學生的里爾克，生活落魄，蝸居在破落的小房子裡，聽著鐘聲一次次地響起，不斷地打擾著他的作息、寫作，干擾著他的狀態，他不停地抱怨：「為什麼會這麼慘？」「太煩了！」「為什麼只有我這樣！」「等我有錢了，我一定要離開這個鬼地方！」

若里爾克處在一種崩潰的狀態中，也許他就無法寫出這樣啟迪智慧的詩篇。他沒有抱怨一切流過他生命中的事物，而是打開他的身體、感官，讓一切到來的事物流經他……就像他說的：「如果我沒有這樣一種力量去抱持，沒有我的注視，沒有我的遇見，這一切都不會成熟；如果我崩潰了，我就變成了一個受害者，而不是創造者，那也許只會讓生命難上加難。」

在他的詩裡我們可以看到，里爾克讓一切發生的事物流經他，他打開身心，讓一切意識之河流經他的神經系統，流過他的心靈。然後，內在深處有某些新的東西被喚起，他從那個地方得到了靈感，領受了這一份生命的禮物，並且把它以文學作品的形式表達出來，為自己、為世界的人們帶來了美感和智慧。

當真正的接納發生時，創造力和新的可能性就自然湧動出來了。

創造性地接納，並不是平平地接過來，吞下去。無奈地接納只不過是一種無奈的、不得不的、合理化的認命，是帶著焦慮的屈服。

創造性的流動被神經肌肉裡緊縮的自我意識堵塞了。在神經肌肉裡我們僵固地認同場域中某個特定部分，排斥其他部分。

創造性地接納，就像打太極一樣，我們將自身調整到一種流動狀態中，觸碰到生命的不同面向——挑戰、問題、障礙，無論那是什麼，觸碰它，接過它，把它帶入一個更大的場域中，加入生命旅程，成為生命整體的一部分。

無奈地接納就像是往堵塞的管道裡灌水，而創造性地接納就如一朵浪花重新回歸到海洋裡。要做到創造性地接納，我們需要很多的練習：一是自我覺察，二是與寬廣無邊的生生不息場域連接。

把個人的自我覺察帶到一個更宏大的意識場域中，向萬事萬物打開，技巧嫻熟地運用我們的神經系統去吸收，用我們的意識去表達，語言的、非語言的。放下評判、抗拒、排斥、解離。

以下這個創造性接納練習，是一個幫助我們正確應用人類神經系統的意識訓練，能讓我們變得更有意識、更有覺察。

• 從氣的堵塞到氣的流動。

• 從意識的僵化到意識的擴展。

• 從而幫助我們在旅途中保持生生不息的創造力。

我們從當下的地方，把意識的覺察帶到沒有覺察的潛意識，讓事物保持在道路上，幫助我們朝向最想創造的正向意圖和美好的未來。

我們會運用到三個重要的感官，運用我們看到的、聽到的、感覺到的。讓生命之河流過我們的時候，我們也流過生命。引領著意識河流的方向，幫助我們朝向自己想要去的未來。

❶ 安頓下來

現在，我邀請你找到一個安靜的地方，站在那裡，慢慢安頓下來，做幾次自然的呼吸……吸進來，進入內在，讓你的內在變得寬廣；當你呼氣的時候，放鬆，放下……

再做一次呼吸，吸進來，放鬆你臉部的肌肉，放鬆你的肩膀，讓氣息流經你的身體；當你呼氣的時候放鬆，放下。讓你的雙腳感覺到根紮大地，讓你的身體朝向宇宙、天空，去打開。呼吸著，在天和地之間打開一個垂直的身心管道。安頓下來，呼吸著，在天地之間根紮大地。放鬆，放下，打開……

❷ 設定正向意圖的身體姿勢

當你做了幾次呼吸之後，我邀請你去連接身體的中心。從那裡去感受，去聆聽。在你生命中，如果有一個非常重要的正向意圖，一個未來美好的畫面，從身體中心去連接，去表達「在我的生命中，我最想創造的是什麼？」

再做一次呼吸，讓這個意圖、畫面觸碰到你的心，感受到這個意圖與你的共鳴：在我生命中，我最想為我自己創造的是什麼，然後說出來：

- 也許是在關係上，我最想創造一段親密的關係。
- 也許是我和我自己的關係，愛自己、接納自己。
- 也許是在我的事業上，我最想創造更大的價值。

當你說出來之後，我邀請你用一個身體動作去表達它。現在，往前踏出一步，然後做出表達意圖的身體動作：在我的生命中，我最想創造的是……？用一個身體姿勢去表達這個意圖，這個身體的姿勢是怎樣的呢？

你說出來，同時找到一個和身體共鳴的姿勢表達這個意圖：在我生命中，我最想創造的是這個……在這個身體姿勢中待一會兒，做一兩次呼吸。當你找一個表達正向意圖的身體姿勢之後，慢慢地往後退一步，回到原來站立的地方，安頓下來，再做一次呼吸。

❸ 讓所有視覺上的畫面流經我

現在，我邀請你把覺察帶到視覺感官上，看到內在的畫面。做一次呼吸，當你閉上眼睛的時候，覺察你看到的是什麼。也許是黑暗裡的光，也許是你在親密關係中的畫面，也許是你在工作時的畫面，也許是你感覺到擔心的一個畫面，或者挫敗的一個畫面……

無論是什麼，做一次呼吸，打開身心的管道，讓這個畫面流經你。跟自己說：「現在，我覺察到了，我看到了。」然後把這個畫面說出來：「我讓它經過我，流過我，幫助我。」

往前踏一步，來到你面前的地方，繼續說：「讓它經過我，流過我，幫助我，在我的生命中，我最想創造的是……」

說出你的意圖，做出表達意圖的身體動作。想想在生命中，你最想去的地方，你最想創造的是什麼？在這裡做一次呼吸，並且待一會兒。在生命的旅程中，輕柔地把握著一個美好的正向意圖，讓生命的河流永遠向前，朝向你想要去的地方。

在這個身心共鳴的身體動作裡待一會兒，做一兩次呼吸。體驗，感受它。

❹ 讓所有聽到的聲音流過我

現在，當你準備好後，往後退一步，安頓下來，打開身心的管道，打開你所有正念的覺察，去覺察你聽到什麼。也許是內在的聲音，也許是外在的聲音。

或許內在有一些聲音冒出來：「我做得對不對？我做得好不好？別人會怎麼看待我呢？」也可能聽到外在的一些聲音：「房間裡的聲音，我的聲音，外面風吹動的聲音。」

無論是什麼，做一次呼吸，打開身心的管道。把你的覺察帶到當下，不評判、不排斥，如實觀照……讓一切存在的事物，流過你，經過你。

然後說：「我允許它經過我，流過我，幫助我……」往前踏一步，繼續說：「讓它幫助我，在我的生命中朝向我最想去的地方，在我生命中，我最想創造的是……」

做出一個正向意圖的動作，在這個身心共鳴的未來裡，呼吸，感受，靜靜地待一會兒。

❺讓所有我體驗到的感受流過我

當你準備好後，往後退一步，再一次安頓下來，覺察你的內在，現在有怎樣的感受。也許是不確定，也許是不安，也許是平靜，也許是挫敗……無論是什麼，做一次呼吸，把你的覺察、你的善意帶到那個地方，和那個存在說：「現在，我覺察到了我的內在，我感受到了。」

說出來：「我允許它經過我，流過我，幫助我……」往前踏一步，繼續說：「讓它幫助我，在我的生命中朝向我最想去的地方，在我生命中，我最想創造的是……」

做出表達意圖的動作，感受到身心共鳴……在這個美好的未來裡停留，呼吸，感受，靜靜地待一會兒。

❻整合

當你準備好了，往後退一步，回到原來開始的地方，再一次感覺你整個身心管道打開，去體會你的身體。呼吸著，連接著天地之間，讓你的心完全向世界打開。

作為一個人的存在，你擁有這樣一種才能、天賦，你可以每天應用生命中流經你的所有經驗，發展出獨特的生命、獨特的天賦、獨特的表達，成為你自己。

做一次呼吸，去體會：無論是什麼，你都可以讓生命之河流經過你，並從它那裡拿到生命的禮物，體驗到生命的深刻、生命的愛、宇宙的愛。

將體驗到的說出來：「我是被愛的，我是被祝福的，我在宇宙之中，宇宙也在我的內在，我擁有宇宙的愛。任何來到我生命中的一切人、事、物，都是為了幫助我活出一個更偉大的生命，一段潛能無限的旅途……我可以調頻我的身心管道，讓生命中一切的事物，讓宇宙中一切的生機、能量流經我，幫助我活出一段偉大的生命旅途。」

這樣的學習，能夠幫助我們看到作為一個人擁有的才能——我可以調頻我的身心、我的神經系統，我可以讓任何事物、任何發生流經我，朝向美好的未來前進。

謝謝你和我一起做這個美好的練習，就像艾瑞克森說的：「在生命的旅途中，遇到的一切事物，無論是什麼，都是可以正向應用的，能夠幫助我們活出一個美好的人生。」

第三章

聆聽，連接關係中更深的渴望

你來到這個世界，不是為了療癒任何人；
你來到這個世界，是要活出完整的自己。

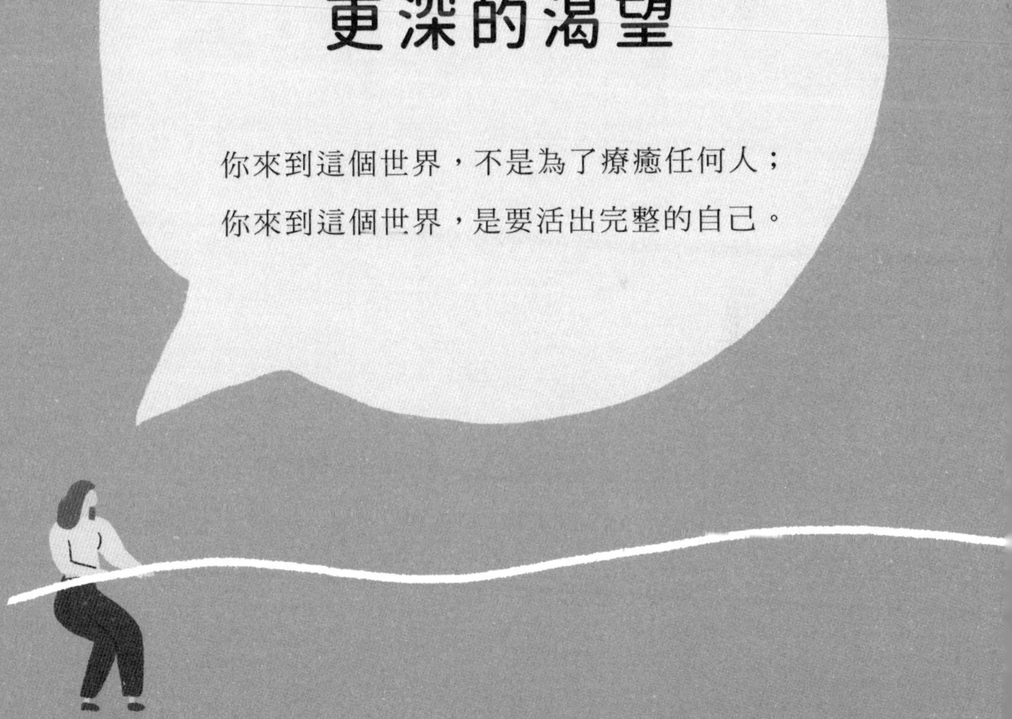

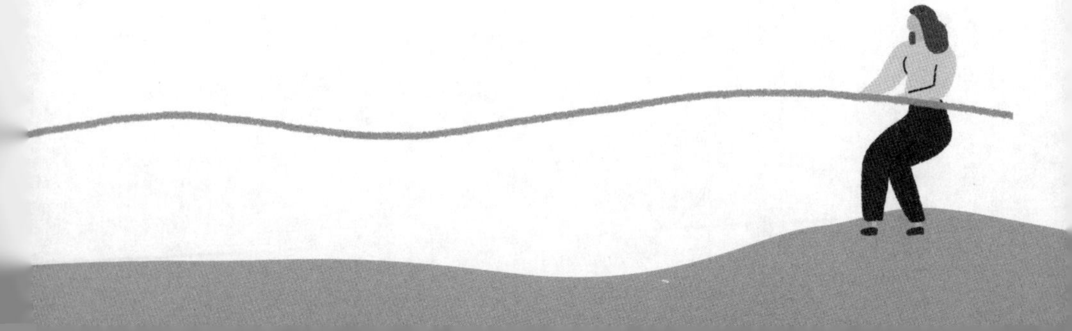

你今生的任務不是去尋找愛，

只是尋找並發現，

你內心構築起來的，

那些抵擋愛的障礙。

——魯米《魯米詩篇》

原生家庭：爸爸媽媽，讓我來拯救你們

我們無法忍受他人受苦，特別是家庭中的成員

一位正在親密關係中遭遇挑戰的女士，在諮商中向我訴說著她丈夫在成長中遭遇的不幸和創傷。她丈夫常常莫名憂鬱、冷漠、憤怒，讓她感受不到和丈夫之間的親密與連接，也希望自己能夠「治好」丈夫的創傷，將他從過往的痛苦中拯救出來。但沒有想到的是，當她有意無意地這樣做，他們之間的關係卻越來越緊張。

她說：「老師，我想讓我老公來見你，你來幫助他可以嗎？」

「抱歉！我無法做到……」

「為什麼呢？」她一臉茫然。

「因為，我不能和妳站在一起來證明妳丈夫有問題，也不能與妳共謀，將妳的人生投注在拯救他人身上。」我溫柔又堅定地說。

擁有良好親密關係的祕訣之一：在親密關係中，伴侶各自負責療癒自己的童年創傷。簡單地說，誰痛苦，誰改變。

但是，不只是這位女士，大部分人都有「拯救者情結」。包含我也是。作為家中長子的我，早期的誓言就是：

- 「我一定要照顧好家裡的每一個人。」
- 「我要為我的家庭負起責任。」
- 「我要成功，不要讓父母這麼擔心。」

現在，說出這幾句話時，依然有一陣悲壯的感覺湧上心頭。

記得那一年創業失敗了，明明已經沒有公司可去，仍然每天早上提著公事包，經過客廳和爸媽說再見，裝著去上班的樣子，深怕父母擔心。無論在外面受了多少挫折，只報喜不報憂，從來不提出自己的需求，只想滿足父母的感受。

如今在五十歲的年紀，我明白了，我需要常常回去，擁抱幼時那個發誓的孩子，對他說：「你真是一個好孩子，對你的父母和爺爺奶奶有那麼多的愛。但是，你也有自己的生命道路，你自己也是需要被療癒、被愛的。」

存在主義治療大師歐文・亞隆（Irvin D. Yalom）在他的書《媽媽和生命的意義》中提到：「為什麼在我生命的最後還要問：『媽媽，媽媽，我表現得怎麼樣？』難道我的一生都以這名可悲的婦人為主要觀眾嗎？」

「媽媽，媽媽，我表現得怎麼樣」，連大師都難以避免與親人的羈絆，更何況我們。當看到自己的伴侶、家人受苦的時候，我們往往忍不住要去拯救他們，想將他們從水深火熱中解救出來。

然而，我們不得不承認，「我想拯救他」、「我想幫他去除痛苦」，這股內在動力的背後，有一部分也是希望這樣做可以讓自己好過一點、好受一點。

很多時候，我們無法忍受他人受苦，特別是家庭中的成員。

我們不妨做一個簡單的實驗：請你想像自己的父母正處在一個受苦的境地，可能是身體的苦，或是心理、精神的苦——你從原生家庭中轉身朝向未來，建立自己幸福美滿的家庭，創造成功的事業，享受屬於你自己的生命時，你的父母因為他們自己的原因，陷入憂鬱、不開心、沒有安全感、恐懼、不安。

此時，你會有什麼體驗呢？前面屬於你自己的路還可以大步向前嗎？如果你毫不猶豫地邁進，朝向屬於你自己的幸福未來，你心裡的感受會是什麼呢？大多數人可能會感到愧疚，或許，與此伴隨著的想法是：我不能讓他們痛苦，我不能扔下他們不管，我要讓他們快樂，我不能只顧自己的幸福。

如此一來，完整的心有一半留在了過去，有一半想要去未來，這樣的撕裂，讓我們受苦。因為同甘共苦的感覺，可以減輕我們的罪惡感，讓我們內心感到「清白」。這樣我們就可以歸屬於家庭的場域，讓我們感覺到：我是他們中的一員，我們是一家人，我是你們的好孩子。

◆情願要「忠誠」，也不要成功和快樂

很多人心裡都是這樣想的：

• 如果只是我一個人幸福快樂，而我的原生家庭、我的父母、兄弟姐妹都處在痛苦之中，我會很內疚，無法享受屬於我自己的生命。

• 如果我不去承擔他們的痛苦，我無法感受到自己是他們生命中的一員，我沒有連接到原生家庭的歸屬感。

那麼現在，一些人難以享受成功和快樂，難以享受生活的原因似乎越來越清晰了。因為他們難以從心理層面與親人的痛苦分離，他們難以消化心中的內疚，而選擇用同甘共苦的方式與苦難中的人保持連接，似乎自己的快樂是對家人的一種背叛。他們情願要「忠誠」，也不要成功和快樂。

這種忠誠而盲目的愛，讓我們無意識地成為拯救者，而非生命的創造者。當然，選擇做拯救者是無可厚非的事。但是，當我們陷入這種忠誠而盲目的愛時，結果往往

並不太好。我們遲早會失去耐心，並且開始指責、抱怨、委屈、憤怒——

- 「我都是為了你們，人生就這樣毀掉了。」
- 「我已經精疲力竭了，還想我怎麼樣？」

於是，關係在指責中開始趨向破裂。或者，我們將這份抱怨轉向自身，開始出現憂鬱、無力的症狀。出於所謂「好的良知」的「盲目之愛」，卻讓我們糾纏在一起受更多的苦，陷入惡性循環。

那麼，我們該如何阻止或打破這種惡性循環呢？

我們與原生家庭的關係出現問題，或者我們感到自己的生命被卡住，覺得憂鬱、無力及困擾，此時，症狀或問題的到來就是一個信號，它在提醒我們，也許偏離了原本生命的道路。

症狀在召喚我們，學會帶著謙卑和尊重，放下包袱，不再負重前行。輕裝上陣，放鬆下來，讓心向更大的生命整體和智慧的愛打開，讓光進來，讓一個新的靈魂進來，開始去療癒自己，並創造一個空間，去感受家庭中的苦難，而不是去幫他們承擔。

我感受到你的痛苦，
也感受到我自己的。
我感受到我的真實本性，
也感受到你的。
我帶著尊重去練習忍受你的受苦，
不再將你的苦難背負在自己身上。

如佛陀說，每一個人真實的本性，是空性。空無中閃閃發光，有著無盡的可能性。每一個人，都可以從這個空無且閃閃發光的地方打開，朝向喜悅、朝向生命無限的可能性，書寫屬於他們自己的生命故事。

用一句更直白的話來講：你可以在感受上體諒和理解家人或關係中的重要他人，也可以力所能及地幫助他們，但你不需要也無法成為任何人的拯救者，你只是自己生命旅途的創造者。

生命就像藝術一樣，你可以去創造它。每個人的旅途中，都會有無數的創造性元素加入。無論是什麼，也許是意圖、目標，或許是旅途中的資源，甚至是障礙，遇到一些不同的負面體驗，你都可以正向地應用它們。

在創造力無限的海洋中學會游泳，到你的彼岸創造屬於你的生命，療癒你自己，綻放你的天賦。然後，帶著這份覺悟、這份禮物進入世界。你的存在才會照亮其他人。就如英雄的旅程一樣，聆聽召喚，踏上旅程，遇到師傅，精通人生的修煉，轉化苦難，領受禮物，然後回歸社區，將禮物分享給他人。

在生命的旅程中，你只能自己療癒自己。你要溫柔地對待自己，慈悲地對待自己。

成功需要擁抱內疚感。

請你照顧好自己，聆聽內在細微的聲音：「在我的生命中，我最想創造的是……」你要明白：你需要為命運負起責任，照顧好自己，將療癒帶給自己。也請你明白：你無法背負他人的命運，無法承擔任何人的苦難，生命有入口，也就會有出口。

我們可以一起練習，連接並打開你的身體中心，創造一個比苦難更大的空間，帶著善意、慈悲，有技巧地觸碰苦、延伸苦，進入世界，進入宇宙，像星星一樣閃爍著。

在這個地方，沒有拯救，沒有逃避，沒有掉進苦海之中，而是學會更有能力地觸碰苦、超越苦。

你帶著這份覺悟和創造力進入世界，你的存在會照亮其他人。

我知道這並不容易，但你可以開始慢慢練習，只有通過上百次的練習，讓你的神經地圖更有彈性、更有創造力，你才可以更廣泛地去享受美好的生命。

◆你來到這個世界，不是爲了療癒任何人

接下來，我會帶你做一段練習，希望能給你啟發和幫助。

現在，我邀請你做一次呼吸，輕輕閉上眼睛，想像你的父母、原生家庭中的每一個人就在你的前面……感受一下你和他們之間的距離，也許有些家庭成員正在經歷著痛苦，包含身體上的、心靈上的、精神上的苦。

你帶著愛和慈悲，打開心的空間，給所有的傷痛一個尊重，一個恰當的位置，然後看著原生家庭的每一個成員說：

親愛的爸爸媽媽，兄弟姐妹，我知道你們的苦難，我也知道你們承受著生命很多的傷痛，現在我讓自己臣服，臣服於生命的河流……出於對你們的尊重，我不能拿掉屬於你們生命裡的任何東西。現在，我把屬於你們的包袱還給你們，把屬於你們的命運交還給你們。而我也去負起我生命中屬於我的責任，面對屬於我自己的苦。

假如有一天我幸福快樂，光明無限，成功健康，請你們為我祝福。無論如何，我永遠都是你們之中的一分子，這一點不會變，我愛你們。

接著做一次呼吸，慢慢地回歸內在，靜靜地體驗一下，你把智慧的愛帶到原生家庭中，感受和生命源頭的連接，然後帶著祝福，轉身朝向屬於你自己的未來。

在這個畫面中，會有怎樣的不同呢？或許他們每一個人更放鬆了，或許他們露出微笑，友善地看著你，給你支持，給你祝福。

雖然有苦痛，但同時一定會有祝福，以及充滿愛的連接。請你將這個畫面深深地吸入進來，領受這份美好的祝福，灌溉在身體中心，心懷感恩，然後轉身，朝向屬於你的未來，毫不猶豫地大步向前。請你告訴自己：

你來到這個世界，不是為了療癒任何人，
你來到這個世界，是要活出完整的自己；
你來到這個世界，無法療癒任何人，
你來到這個世界，只能療癒自己；
你來到這個世界，也不是為了替代任何人受苦，
你來到這個世界，是為了活出最美的靈性，
將靈魂最美的部分帶到世界上，綻放獨特的天賦和價值。

每天練習打開身心管道，帶著氣的流動，回歸中正狀態，讓生命之河流過你。而

你在河流中學會游泳，慢慢地療癒自己，溫柔地對待自己、愛自己。
瑪麗安娜・威廉森（Marianne Williamson）在〈發現真愛〉中寫道：

我們最深的恐懼，
不是我們的不足，而是我們力量無限。
是我們的光明，而非陰暗，使我們驚恐不已。
我們捫心自問，如果光輝燦爛、天才卓越了，我會是誰？
難道我們不可以成為這樣的人嗎？
將自己縮小在狹窄的世界裡，
以此消除周圍人的不安，並無裨益。

我們生來就是為了呈現內在已有的光芒，
像孩子們一樣，照亮世界。
不是某些人，是每一個人。

我們讓自己閃光時，
無意間也允許了他人同樣去閃耀自身的光芒。
我們將自己從恐懼中解放出來時，
我們的存在無形中也解放了他人。

我們要意識到：我進入世界，生命總是從我開始，當我成為自己的光，突然間，
我的存在便照亮了世界。
祝願你和我都有覺醒的人生。

親子關係：你知道我都是爲了你好嗎？

冒牌的案主

「我的孩子還有救嗎？」

在諮商剛結束不久，我看到手機中有一則來自個案媽媽的訊息。

來訪者是一個十九歲的年輕小夥子小傑，他被診斷為強迫症，換了很多次工作，之前做過保安，現在從事電腦組裝工作。每一份工作，無一不是媽媽安排的。這一次的諮商也是他媽媽找到我，告訴我孩子想要接受諮商，於是我接下了這件個案。

小傑坐在我面前時，身體左搖右晃，眼神飄忽不定。我很難感受到和他之間的連接。我稍作安頓，接著問他第一個問題：「小傑，這次諮商是你主動想做的，還是媽媽幫你安排的呢？」

「我媽媽安排的。」他滿不在乎地回答。

我點點頭，對他見到我時的反應也更理解了。

我看著他，說：「小傑，我真的很遺憾聽到你這麼說，在你不願意的情況下，被你媽媽這樣安排。」「對啊，什麼都是她安排的，總是說為了我好，從來沒有想過我願不願意。」

從事心理諮商工作十多年，我遇到過不少類似的情況，在孩子不情願之下，父母依然執著地把孩子交給諮商師，希望諮商師把孩子「治好」。一般而言，這樣的情況我會非常謹慎地評估是否接受諮商。但既然現在小傑已經來到我面前，我希望能夠盡我所能陪伴和支持眼前這個孩子。

「小傑，我在這裡想向你承諾，我不是來證明你有問題的；我也不會和任何人結盟，去做一些所謂為了你好的事情，我只想陪伴你，在這個過程中去探索和瞭解你生命中遇到的挑戰，在未來你想要的改變時，我再一次向你承諾，我不會去改變你，我們就可以互相陪伴，去經歷探索的過程。」

小傑從搖晃中安定了下來，飄忽的眼神第一次望向我。

「我不想再做現在的工作，我根本做不好，壓力很大。」

「哦……你從事什麼工作呢？」

「我媽安排我到她朋友的公司做電腦組裝，我學不會……壓力很大，也很緊張。我寧願回去做以前的保安工作，那至少是我可以做到的。」

「嗯，嗯……」我附和著，卻找不到合適的話語去回應。

「我媽還說，要我去上海的投資銀行做白領，你看看我，我連一部電腦都組裝不好，她簡直是在癡人說夢話！總是說為我好，像我這種人怎麼可能做到啊！」

是的，直到這時為止，我是沉默的。我接不上話，我唯一能做的是，放下頭腦的努力，保持呼吸，連接丹田中心，安頓下來，抱持著內在升起的無力感，並且等待。

我似乎在給一個「冒牌」的案主做諮商，這就像一輛車的發動機有故障，而我卻在修理椅子。

◆有時候症狀呈現在孩子身上，但不代表他就是案主

通常，當孩子被認為有問題時，父母只想透過諮商師搞定孩子，而他們卻好像置身事外。在這種情況下，我會把整個家庭作為來訪者。因為，孩子只是表面上被指認出來的來訪者，症狀呈現在他身上，但不代表他就是案主。

比如小傑，他的確有強迫症的相關症狀，但如果細細觀察會發現在小傑的背後還有另外一個人，即他媽媽的參與。

小傑就像一個要實現媽媽意志的機器，他自己的想法和需要是被忽視的。他想要

按照自身的意願行事，就會被定義為「有問題」，被拉來做心理諮商。顯然，這是關乎一段關係、一個家庭的問題，而不只是關乎個人。

當定義問題時，要考慮到問題可能存在於個人之內，也可能存在於家庭之中、歷史之中。從系統的角度去看待問題時，才會有更寬廣的視野。

「老師，你為什麼不說話呢？」

「小傑，因為我在等待，我在感受，在你成長的家庭中，作為一個小孩時，你獨特的靈性是如何向家庭的場域打開的。然後，你的生命能量觸碰到父母的時候，父母的回應是怎樣的？我想多理解你一點，多懂你一點，你來到這個世界上，最初的靈性想要在世界上綻放成什麼樣子呢？」

小傑瞪大了眼睛，似懂非懂地做了一次深呼吸。我知道他的內在開始明白，他的內在有個部分正在打開。這是內在整合的呼吸，在他的心裡，某個緊繃的部分開始有一些鬆動了。

「小傑，我真的很遺憾，你內在真實的聲音沒有被聽見、被理解，你的需求也沒有被聆聽，反而被認為是有問題的。這些外來的聲音，好像不停地驅趕著你，要你改變，要你符合他人的期望，成為人們眼中的樣子。」

「我總是感覺我很焦慮、很緊張。腦海中有些刀子不停地插向我，我現在和你說話，都感覺到那些刀子在我面前飛來飛去，我很害怕……我去抓住這些刀子，緊緊地抓住不敢放，我整隻手都是血，我真的覺得很痛、很緊張。」

我溫柔地看著小傑，輕輕地呼吸著，把他的害怕、緊張，抓住刀子的手……輕輕地吸納進來，在我的心裡給「他」一個重要的位置。

小傑在世界上無法存放的恐懼、焦慮、無助，在我的內在被輕柔地包圍著，並把愛的善意帶到那裡。

- 願「他」在人性的世界裡，有一個安身之地。
- 願「他」在人的關係中，被賦予人性的光輝。
- 願「他」在我們這裡，被尊重、被看見、被瞭解。

如果，我作為小傑的旅途同伴，一起抱持著生命中的「問題」，那麼會給他帶來怎樣的不同呢？里爾克在《給青年詩人的信》中建議：「耐心等待所有尚未解決的事情，努力去愛問題本身。」

孩子不是物品，也不是一個被設定的目標

「我的孩子還有救嗎？」手機響了一下，還是小傑媽媽的訊息，同樣的內容，卻把我從剛剛的個案回憶中拉回到現實。看著她發來的訊息，我回覆了一個字和一個問號：「救？」

「我希望他有出息，我一直接受不了他大考失利，還有他腦子裡的刀子。我一直認為他是為了偷懶杜撰出來的。他明明可以有更好的前途，我不想他的人生就這麼毀了……我天天跟他說你不能這麼不上進，但兒子跟我說他一輩子就這樣了，不想好了。我一下子忍不住，因為特別難過又說了好多難聽的

話……我都是為了他好，他為什麼不能明白我的用心呢？」小傑媽媽給我發了一段長長的語音訊息。

我沉默了一會兒，回了幾個字：「嗯，這是救小傑還是救妳自己呢？」

這一次，小傑媽媽沉默了許久，或許這個反問引起了她的反思。我試探著道：「父母通常會無意識地把自己的焦慮轉移到孩子身上。焦慮的父母會培養出強迫的孩子，妳有這樣的覺察嗎？」

「是的，老師，我很焦慮，有很多擔心，也對小傑有很多期待。」

「嗯，是妳的焦慮，妳的擔心，妳的期待……對嗎？」

「我好像明白一點了……」

我們的對話停在了這裡，我默默地祈禱小傑和他的父母一切安好。

在親子關係中，父母常常把孩子當成一個目標去達成，當成一個項目去經營。

- 「長大後要有出息。」
- 「要做一個成功的人。」

望子成龍，望女成鳳。

父母對孩子寄予厚望當然沒有問題，但是，當父母帶著「我都是為你好」這樣的意圖，希望孩子能按照父母的意願過完他的人生，等於扼殺了孩子的自我。

「我都是為你好」，表面上是關係中一方對另一方的關心，但這背後也充滿了將個人的期待、欲望、需要強加在另一個人身上，遏制住關係中真正的交流和連接。

我想，或許小傑的媽媽也很少體驗過在關係中被真正地看到、理解和好奇，她才會以這樣的方式與孩子建立關係吧。孩子不是一個物品，也不是一個被設定的目標。孩子是一個人，需要情感上的交流、安全的港灣和有連接的關係。

在親子關係中，重要的是關係而非結果。

在一位媽媽說著對孩子的要求和期待，抱怨孩子不夠上進、不夠努力時，吉利根博士帶著頑皮的笑容回答說：「我非常理解妳的想法。在我女兒小時候，我對她的要求也很簡單：第一，四十歲前不可以談戀愛，專注在事業上；第二，拿到美國WNBA聯盟的球員資格；第三，所有功課都要拿A。」

他笑著，攤開雙手，裝作無辜地說：「作為一位父親，這樣的要求很簡單吧！」教室裡的每個人都忍俊不禁，吉利根博士繼續說：「但是，我的女兒她沒空。」他停頓一下：「因為，她每天都在忙著成為她自己。」

有些父母最大的問題往往是緊盯著孩子做得不好的一面，而看不到孩子好的一面。這樣就無法真正地看到孩子的全貌。父母用崩潰的狀態面對孩子的問題，反而讓小問題變成了大問題。

父母是孩子天生的催眠師，很遺憾，很多父母或許正在給孩子帶來一個又一個負面催眠。我想，要創造一段正向的親子關係，父母需要兩個維度的練習和覺察：

- 既看到孩子可提升的地方，也要看到他已經做得好的部分，並同時抱持兩者。
- 父母練習更深地回歸身體中心，帶著中立的狀態進入親子關係。

在一種中立的狀態與有連接的關係中，父母可以抱持著孩子成長過程裡所發生的一切——好的、需要改進的、需要提升的，帶著愛的引導，看到完整的孩子，保持耐心、好奇，靜待花開。

親密關係：爲什麼沒有一個無條件愛我的人？

當尋求無條件的愛時，我們對自己的愛是否也是無條件的

「為什麼我總是找不到無條件愛我的人呢？」這似乎是許多人在親密關係中常有的感嘆。在諮商的時候，或者在工作坊中，人們也常常會問我這個問題。比起提建議，我更喜歡反問兩個問題。

第一個問題：你可以無條件地愛自己嗎？你會無條件愛你現在的樣子嗎？

很多人在聽到這個問題後都會搖搖頭，因為他們認為自己還可以更好、更優秀、更完美，現在的自己還不夠好。

第二個問題：如果你的伴侶不愛你了，你還會愛他／她嗎？

「當然不可以！他都不愛我了，我為什麼還要愛他。」很多人都會這樣回答。

因此，我們可以覺察到，我們對自己的愛是有條件的，我們對他人的愛，也同樣是有條件的。多數人可能會這麼想：

- 「我要變得更好，我才可以愛自己。」
- 「他愛我，我才會愛他。」

在親密關係中，我們會發現一個真相，那就是：我曾經以為，自己給予他人的愛是無條件的，但實際上是有條件的。

如果我們對這個真相坦誠，我們就可以理解：**他人對我的愛，也可以是有條件的**。沒有誰應該無條件地愛你——伴侶不是你的父母，在親子關係中，父母付出，孩子接受；但是，在伴侶關係中，親密的體驗來自彼此之間付出與接受的平衡。你付出我接收，我付出你接收。動態中的平衡將讓關係更深入。

當這份理解、同理心被帶入關係中，或許我們會體驗到彼此之間更大的空間、包容、放鬆、善意，真正的連接才有機會發生。而在這個時候，我們對愛或許也會產生更合理的期待。

愛是一種技巧

在對於「什麼是愛」的千百種詮釋中，我最喜歡的某個理念是：打開一個抱持的空間，歡迎支離破碎的自己，重新回歸完整；完整，就是愛。

在幾年前的一次心理學大會上，吉利根博士和薩德博士，這兩位催眠領域的大師級人物，進行了一場別開生面的交鋒。吉利根博士為一位學員做個案，薩德博士做解構；反之，薩德博士為一位學員做個案，吉利根博士則進行解構。

當薩德博士對吉利根博士的個案工作進行解構時，他問了吉利根博士一個問題，他說：「史蒂芬，我很好奇，為什麼你總是對來訪者說歡迎呢？」

吉利根博士回答說：「我想抱持在這樣一個空間：當來訪者分享他內在最深的掙扎和脆弱時，我打開身體中心，把這些資訊、能量帶到我的身體中心去感受……讓它們觸碰我，作為一個人，這樣的掙扎我也有，於我的內在存在著，所以我懂。

「當我把連接和傾聽的能量帶到關係中時，曾經無法在世界上表達的部分，包含掙扎、脆弱、傷痛終於被深深地聆聽。我們創造出一個尊重的、好奇的交流空間，讓人性的臨在作為一種療癒性的應用——那些不得已而壓抑的，被非人性對待的、被認為是怪獸般存在的部分，現在通過連接帶到我們的關係之中。我帶著深深的善意，對這些存在說歡迎、歡迎……賦予他們在人的關係中，在人類社區中正向的、人性化的價值。任何傷痛，如果得到了人性臨在的觸碰，那麼，療癒就一定會發生。

「打開一個比問題更大的空間，通過連接，把每一個支離破碎的部分，重新迎回到一個整體之中。因為，完整就是愛。」

當時我坐在現場，被深深地觸動，一陣陣暖流流過我。這是我聽到關於什麼是愛的最好詮釋。

在我接觸過的案例中，很多人在關係中爭吵、互相指責、分分合合。因為他們討厭對方身上的某些特質，恰恰也是他們不能接納自己身上存在的部分，於是就誤以為如果對方改變了，自己也會變好。但是，要求伴侶改變，既不能讓改變發生，也不能讓關係更親密，反而造成兩人在關係中無法放鬆。當然，他們也沒有機會去覺察自己內在未被接納的部分。

在親密關係中，我們一定會感受到挫敗、受傷。那些被壓抑和不被接納的部分，現在來到我們的生命旅途中，「他們」需要我們的包容，需要聆聽，需要把「他們」帶到我們的生命中，帶到生命的整體之中。在這種完整中，沒有戰爭，我們能夠體驗到和平與寧靜的愛。這不只是一種理念，還給關於如何創造愛，提供了練習的技巧。

◆ ◇ ◆

吉利根博士常常跟學生們分享，他從他的老師艾瑞克森那裡學到，生命中最重要的一門功課是：**愛是一種技巧**。

如果我們想要感受完整的愛，就需要投入深刻的承諾和練習，去練習中立、抱持、打開、連接、接納、歡迎。有技巧地與生命中每一個到來的存在互動。

或許這些練習、技能，就是一些「條件」，但是，即使是「有條件的愛」也是美好的。因為愛自己，愛他人，感受到生命的美好與平和，這不是我們想拿就拿得到的東西，需要通過練習，調頻我們的神經系統篩檢程式，比方說：

- 更深地回歸身體中心。
- 輕柔地把握正向意圖，向更大的場域打開。
- 創造性地接納任何人、事、物。

身體放鬆和敞開，療癒和成長才會發生。這是一生的練習，也是必要的條件。

在練習的體悟中，也許你會真正地體驗到：

- 我和自己的連接，決定了和他人的連接。
- 我和自己的距離，就是我和世界的距離。
- 我有多愛自己，我就有多愛其他人。

一個人只能給他人自己有的東西，不可能給他人自己沒有的東西。

我們帶著這樣的慈悲和同理心去承認和接納時，心就會立刻放鬆下來，當掙扎不再存在，就能得到安寧。

◆愛的最終意圖，幫助彼此成爲完整的自己

常常看到某些人談戀愛時，背後潛意識的動力是：我在原生家庭中無法得到的東西，你可以給我。

舉例來說，一個女孩在單親家庭由媽媽撫養長大，她有可能會認為爸爸是不負責任的。那麼在潛意識中，她會尋找一個負責任的男人。而一個男人，在成長過程中若常常被媽媽挑剔、指責，也許潛意識中他會試圖尋找一個溫柔、善解人意的女人。出於潛意識的渴望，這樣的兩個人就會在一起，但往往好景不長。

如果關係中的兩個人，無法照顧好自己的需求，無法照顧好自身的傷痛，就會無意識地向對方索求：如果你愛我，你就要給予我應該得到的。一旦得不到滿足，就會感到委屈、生氣、抱怨、指責、失去耐心，從而讓關係變得緊繃，帶來更多的壓力和負擔。這會讓彼此的傷口越來越嚴重，使關係陷入一種惡性循環。

年幼的時候，我們需要從父母那裡得到關心、照顧、認同、連接，這是我們感受到愛的方式。長大之後，如果我們還是想從他人那裡得到像父母對待孩子般的愛，那麼就代表內在有某些部分還沒有完全長大。然而，這不也是我們進入關係的一個重要原因嗎？這種情況，恰恰可以說明我們更深刻地理解親密關係的本質：

- 通過關係，我們可以看到自己，看到需要被連接、被療癒、被整合的部分。
- 通過伴侶，我們能夠幫助彼此成為更完整的自己。

愛，是一種技巧，也是一生的練習。

通過練習，把連接、聆聽、抱持、善意等等，帶到自己內在資源匱乏的地方。當我們越來越為自己這麼做的時候，就會體悟到，無論對方怎樣回應，那些「有條件的愛」已經是最美好的愛。因為在關係中，對方已經給予你，他所能夠給你的一切，他沒有的，既不能給自己也無法給你。

通過對方我們會看到自己的需要和渴望，作為成年人，我們可以為自己的需求負起責任。這會幫助我們踏上一段意識進化的旅程，這是一段療癒、整合、成長、蛻變的自我實現的旅程。

以下是吉利根博士非常觸動我的一段分享：

無論我做什麼，
這個世界上，大部分的人都會不喜歡我。
知道這點不是很好嗎？
以前，我以為不喜歡我的人是因為不瞭解我，
只要他們瞭解我就會喜歡我。
於是，我嘗試做很多事情，讓更多的人明白我，

後來，我才知道那些不喜歡我的人，也是瞭解我的人。

事實上，他們不是不喜歡我，
他們也不喜歡自己，所以也無法喜歡我。
知道這個真相真好。帶著覺察，帶著慈悲，
我學習放下討好別人喜歡的需要，
開始練習聆聽和滿足自己的需求，療癒自己，愛自己。

也如詩人葉慈（William Butler Yeats）所說：

當我愛自己，當我和自己在一起，
我寫的詩，都是從愛開始，以愛結尾。

所以，謝謝你，因為你，讓我變得更完整。

同伴關係：你成功的時候，我心裡真不是滋味

同伴關係像一個標竿，映照出我們自己的內在關係

成長中，同伴是一雙雙凝視的眼睛。同伴關係不僅能幫助我們自我覺察，幫助我們成為自己，而且也在成就我們，幫助我們成為心智成熟的人。

存在主義治療大師歐文・亞隆在工作中，常常會問來訪者一些帶來更多自我覺察的問題，其中關於來訪者成長中同伴關係的相關問題讓我受益匪淺：「可以和我談一下小時候你和同伴的關係怎麼樣嗎？」「那時候誰是你最好的朋友呢？」「什麼時候感覺在朋友的團體中飽受非議？」「你年輕時的志向是什麼呢？迄今為止對所取得的

成就滿意嗎？是否過著你想過的生活呢？」

通過這樣的問題，來訪者可以瞭解他自己在其他關係中的自我感，並觸碰到自己的「關係自我」。一個人如果能夠在不同的自我間流動，就可以建構一幅更完整的身分地圖。

身分地圖，包含我們自身的身體形象、對過去的回憶、對未來的信念、我們當下的五感，以及空間和時間，它是我們瞭解自己和認識世界的重要篩檢程式。

然而在心理諮商中，一般來說，諮商師常常會把注意力集中在追溯家族史上，以瞭解來訪者與父母的關係。但同樣重要的是，也需要關注來訪者與同伴的關係。一起成長的同伴，就像我們生活中的鏡子，更容易觸動我們的自我感——畢竟我們不會和世界五百強企業的總裁比較財富和成就感，卻常常在同學聚會中被刺痛。

同伴關係像一個標竿，當我們看見對方時，彼此的關係也經常映照出我們自己的內在關係——是戰爭還是和平，是分裂衝突的還是互相支持的。這決定我們體驗的是低自尊的身分感，還是和諧共振、身心合一的身分感。

隨著時間流逝，我們每個人都會經歷身分的死亡和重生。我們在變，同伴在變，關係也在變，每一個不同階段的變化都擾動著我們的身體中心。在那裡，會有一個個新的自我加入生命的旅程——脆弱的、悲傷的、無奈的、快樂的、感動的、篤定的。

如果我們帶著覺察，在同伴關係中打開，並連接內在「脆弱的自己」，給這些被忽略的自我一個家，那麼，一個完整的自我就得以綻放在我們的生命旅途中，能夠編織出新的身分，用以創造新的現實和關係。

連接身體中心並連接同伴關係的場域，身分就不會固著在一個意象裡。我們既不會卡在自我的狹小世界中，也不會把自己完全交給他人，受其影響，否定自我，而是在彼此的連接中看見自己，聆聽內心的需求。當我們幫助自己成為理想中的樣子，逐步建構更完整的身分地圖，一幅完整的地圖才能指引我們到達目的地。

我把這些學習和覺察帶到我的同伴關係中，讓我看見自己、療癒自己，也更好地理解他人。接下來，我會引用一段真實經歷，與你分享我是如何把這些學習和覺察帶到同伴關係中的。

◆當我們的自我感被擾動時，請把覺察帶進內在

我和老朋友石頭、大洪道過再見已經是凌晨。一個人開著車，行駛在難得安靜的黃埔大道上，不知何故，一陣淡淡的惆悵隱隱湧上心頭。

三十多年的老友相約聚會，大洪和石頭早就到了，我匆匆趕到茶室，走近他們兩人時，我看著一個背對我的背影——頭大身子瘦小的輪廓，像嚴重營養不良一樣。我知道那是石頭，但還是驚訝這短短幾個月的變化。

石頭又比三個月前瘦了一圈。

「唉……做了幾次身體檢查也沒有查出問題，但體力和精力大不如前了。」石頭在我的驚訝中有氣無力地回答說。接下來我的深切關心和建議，在石頭無奈又認命的聲音中慢慢變得蒼白和無力。一道茶的靜默之後——

「我準備下半年搬去另一座城市生活了……」

「不是吧，這麼大的變動，這樣的年紀有辦法習慣嗎？」

我又一次在驚訝中張大了嘴巴，聽著大洪的宣佈。我們雖然平時各有各忙，但是三十多年來一直保持著摯友的關係，不定期的相聚、出遊，見證彼此的成功和挫敗。但是，這次的感覺很不同。為什麼我們在一起沉默多於說話？為什麼內心隱隱的無力感蓋過了過往的熱鬧？為什麼互道再見後，心裡是淡淡的憂傷呢？

我任由車子慢慢地行駛在深夜的城市。「難道……我們必須開始向某些東西告別了嗎？」關係中的自我感、彼此之間的連接、共同的回憶、未來的關係畫面……同伴們的生活變遷、狀態變化，隱隱地擾動著我的內心。

三十多年來，我們在身體裡攜帶著彼此，現在，如果他們不在了，留下的空洞，該用什麼來填補？一陣陣的思緒又打開了存封的回憶。

十八年前，我曾遭遇了人生中的一個至暗時刻，我的事業經歷著重大的挑戰——創業失敗。殘酷的現實並沒有給我太多喘息的時間，我清算所有財產，賣掉自己的車，想盡辦法償還所有的債務。

那一段生命經歷中，我感覺到整個自我認知全部被打碎了。曾經成功的我，現在失敗了，那麼，現在我又是誰呢？

這種身分中斷的感覺，就像靈魂破碎後，碎片散落了一地，無論再怎麼努力也無法拼湊起原來的樣子。我像溺水的人一樣，死死拉住讓我不會溺亡的任何物體——多麼渴望多年的同伴，看待我的眼光不會改變，讓快萎縮枯死的自我得到一些滋養、一絲生機。當時內在脆弱的部分，承受不起任何異樣的眼光，自我感隨著外在事物而變化著。

現在我已經明白：在某些人生的關卡，舊的身分感會破碎支離，但在新的身分感尚未形成之時，我們往往就會陷入危機。

當然，這同時也是我們轉化和成長的最佳時機——舊的意識框架解除，一個新的創造力空間將會打開，在這裡可以建構新的身分，用以創造新的現實。

可是，這對於當時的我確實不容易，我感覺每天都快撐不下去了，處於神經肌肉僵硬的狀態，緊緊鎖上內在不斷重複的負面聲音——你是一個失敗者。對未來的擔憂、焦慮，對自我的懷疑、責怪，讓我在憂鬱和恐懼中關閉了自己。

那時候，恰好好朋友大洪的生意進行得如火如荼，他看到我狀態低落，便邀請我陪他去香港，他談生意，我順便散散心。

一天傍晚，我陪大洪去商場看手錶。我們走進一個賣高級手錶的地方。不久，大洪看中了一支六十七萬元的手錶，讓售貨員給他試戴，他轉頭問我：「你看這個好不好？」

天啊，六十七萬元，對當時的我來說簡直是天文數字。我站在旁邊，呼吸緊張，身體緊繃，感覺內心翻湧著一絲酸溜溜的感覺，心想：這個傢伙，不就是賺了點錢，怎麼開始忘記苦日子了，開始墮落了，真的有需要買這麼貴的手錶嗎？有必要嗎？不就是看個時間而已嗎？

雖然心裡這麼想著，但表面上，我還是假裝大方，漫不經心地回應說：「還不錯啊。」為了掩蓋自己酸溜溜的表情，以及說不清、道不明的感覺，我也隨手挑了塊手錶，不過價格才兩萬兩千元，然後自我安慰說：「這個也很不錯，不就是看個時間嘛。」

可是，即使是兩萬兩千元，我還是捨不得掏錢買。

在我無意識地把我內在湧動著的情緒歸咎於大洪「不應該」的行為，合理化地認為他有錢就變腐敗了的同時，我也自責著，我怎麼會是一個這麼尖酸刻薄的人呢？

頃刻間，我發起了一場內在的戰爭，捲入了情緒的漩渦，越陷越深，感覺渾身不自在，與大洪的關係也變得微妙和尷尬。

事實上，這是我的「身分焦慮」被啟動了。同伴的成功，啟動了「我是失敗者」的身分認同。難以壓抑的羞愧感，往往會轉化為攻擊，這樣，自我感就會好過一點。

謝天謝地，自我覺察的靈光乍現，照進了荒蕪之地。

「我去一下洗手間。」我對大洪說。因為，我需要為脆弱的自我，找一個容身之地——嗯，哪怕是洗手間。

關上洗手間的門，感覺到心還在怦怦地跳著，我把手輕輕地放在心口的位置，深深地做了幾次呼吸……感受到，在那裡有一個存在來到了。有一個內在的聲音說著：

「我不夠好，我是一個失敗者，我不夠優秀，我總是搞砸，別人都比我好……」

再一次，我深深地呼吸，去感覺心的位置，在那裡打開一個空間，給羞愧、無助、挫敗的自我一個位置。這些強烈的不適感，是在召喚我在身體裡給「忽略的自我」一個家，否則便無法帶著完整的自我踏上新的旅程。

我把善意、慈悲和理解輕柔地帶到那個地方，跟內在的這份因失敗而產生的羞愧、無助、挫敗說：「我聽到你了，我感覺到你了，我看見你了。謝謝你的到來，謝謝你提醒我要照顧好自己。不要再一次受傷。謝謝你這麼愛我，謝謝你保護我、關心我，謝謝你對我的愛，我聽到了，我聽到了。」

我做了一次呼吸，繼續連接著心的中心說：「也許，過去的某些時候，在你年齡還小的時候，你經歷過挫敗。在那時，沒有人能夠幫助你、理解你，你也沒有任何資源。很遺憾你遭遇過這一切，但是，現在我想告訴你，我長大了，作為一個成熟的男人，現在和過去不一樣了。現在，我有很多資源和技能，即使現在遭遇同樣的挫敗，我也有能力照顧好自己。我現在是好的，是有能力的，是有資源的。如果你能夠幫助我更放鬆、更敞開、更有勇氣……那麼，我會活出生命真實的力量，去支持和連接身邊的人。謝謝你，請你幫助我，請你支持我……」

慢慢地，我放鬆下來，內在變得寬廣、明亮和包容，勇氣和力量重新回歸到身體中心。大洪的「成功」喚醒了我內在失敗的自我身分認同。當我把友善的連接帶給自己，這個連接的地方，就是我所有的力量和勇氣所在，也是我的天賦綻放的地方。

當我再次回到大洪身邊時，來自身體中心的敞開、平靜、連接在關係裡流動起來。回酒店的路上，我對大洪說：「我真的衷心恭喜你在事業上的成功，還記得以前我們六萬七千元的錶都沒有能力買，今天你有能力買六十七萬元的錶，我真的是為你感到高興。」

通過一起成長的同伴，我們更加誠實地看見自己，把更多的正念覺察帶到那個脆弱的地方。這樣，每一次都是療癒和成長的契機。或許，當我們能衷心祝福一起成長的同伴，恭喜他人成功的時候，我們是有力量的，也是完整的。

在我們的生活中，不難發現同伴之間的映照與對比，像是：

- 朋友的孩子考上了重點大學，而我的兒子只能上普通大學。
- 她這麼優秀又耀眼，我卻平凡又自卑。

・他升職加薪，做自己喜歡的工作，我卻停滯不前。

在同伴關係中，當我們的自我感被擾動時，請把覺察帶進內在。這代表舊的心靈地圖和受限制模式被釋放，開始鬆動，同時也是成長和轉化的好時機。

◆通過同伴關係，見自己，見天地，見眾生

英倫才子艾倫・狄波頓（Alain de Botton）在他的著作《我愛身分地位》中寫道：「和那些一起長大的同伴、共同工作的同事、熟識的朋友相比較時，如果我們擁有和他們一樣多或更多的東西時，我們才認為自己是幸運的。因此要想獲得成功的感覺，最佳途徑莫過於選擇一個比自己遜色的人作為朋友……」

這真是一針見血的洞察。

同伴關係，讓我們成為彼此的標竿、對照。通過對方的存在和關係上的連接，能

感受到「我是誰」的存在經驗，幫助我們變得更完整。

同伴關係，是我們在世界上感受存在經驗的一個重要層次。進入世界時，我們會感受到在場域中的關係自我和歸屬感。成長的道路上，對於自己的身分建構和認同，一起成長的同伴如同一雙雙凝視我們的眼睛，就像是「一個人，跋山涉水，獨自前行，如果沒有他人的看見，我亦不會成為自己」。

現在，我們內在保有著他們看待我們的眼睛，和他們連接的方式，也許正在改變。一旦我們通過一起成長的同伴，對身分的焦慮有更多的覺察，那麼，當再次面對他人的漠視和摯友的成功時，我們的反應就不僅僅是痛苦、自我攻擊和內疚，還有更多的自我覺察、敞開、療癒、超越——幫助我們成為自己。

任何關係，都在成就我們成為心智更成熟的人。

練習　愛是一種技巧

每一個人都會受傷，這無關乎好或壞，這只是事實。

就如同前文坎貝爾提出的人生三段旅程。

在第一階段，我們出生來到這個世界，充滿好奇和敞開心胸，接納一切人、事、物。這就像花園裡無數的種子破土而出，生機勃勃，對世界充滿探索和信任。

但是到了第二階段，我們長大後進入世界，進入關係，就註定會受傷。為了不再受傷，我們可能會選擇關閉自己、逃離世界。然而，若是一味地關注如何避免恐懼、如何不受傷，我們最多只是得到了防禦和保護。在這裡，很難有任何創造性的可能。

而到了第三階段，我們終究會明白，愛，原來是一種技巧。當我們掌握這種能力後，我們就能再一次去愛受傷的自己，再一次帶著勇氣向世界打開——明明知道會受傷，仍然選擇去活著、去愛。

要從受傷、封閉自己和逃離世界的狀態，到重新帶著勇氣再一次向世界打開，療癒受傷的自己，創造新的現實，並不是一件容易的事情。要做到這一點，最重要的是：**學會連接我們內在那個柔軟的、不會受傷的核心**。

這聽起來或許不太好理解，但每一個人都必然體驗過這個柔軟的、不會受傷的內在。當你完成一項非凡的任務；當你聽到一首打動人心的樂曲；當你踏上一段美好難忘的旅途；當你欣賞某件藝術品；當你想起某個愛你的人；當你想起那個偉大的存在，如佛陀、老子——在某個瞬間，一個超越所有思想、邏輯的寬廣空間打開了。

這個核心在身體什麼地方？這個核心在我們的內在。事實上，先哲們已經為內在這個柔軟的、不會受傷的核心賦予過許多不同的名字：生命力、創造力、初心、靈性……去感受它、觸碰它、連接它，並帶著它進入世界。當你連接這個核心的時候，你會體驗到：

- 悲傷更深的地方，不是悲傷。
- 脆弱更深的地方，不是脆弱。
- 恐懼更深的地方，也不是恐懼。

不會受傷的核心，並非意味著它就如同石頭一樣堅硬。相反地，它是一個鮮活而柔軟的核心，它也會受到衝擊、傷害，會感覺到傷痛、脆弱。但是，當我們把人性的臨在，比如接納、善意、好奇、連接，帶到那個地方後，傷痛、脆弱就會如同生命的河流一般流經我們，並帶來更深的體驗與領悟。

此時，傷痛已不是傷痛，它包裹了生命帶給我們的禮物，或許是關於如何接納，如何帶著受傷的部分前行；脆弱也已經不僅僅是脆弱，它帶來了關於生命更深刻的學習，或許是學會如何尊重，或許是告訴我們什麼是愛，什麼是慈悲，如何更好地理解他人。

而當我們無法將人性的臨在帶到傷痛、脆弱中時，它們才會演變成負面的症狀，可能是上癮、焦慮、憂鬱、逃避。我們只需要辨識出，負面體驗其實是包裹在我們核心以外的一層外衣，負面的外衣只是反映了我們用負面的方式對待內在的「他／她」。在這層外衣之下，最深的地方是我們充滿資源和生命力，永遠不會受傷的內在所在。

然而，如果我們誤以為在悲傷的深處，除了悲傷，別無所有，就很難向他人呈現完整的自己。因為我們會擔心，假如呈現了自己的脆弱，就暴露了自身全部的弱點，其他人會不會因此而離棄我們？

我們會認為：假如我呈現出脆弱，似乎就意味著我是一個不夠好的、軟弱的人，人們就會不喜歡我。像這樣過度的思慮、強迫性的思考，會卡在頭腦的窄小空間裡，演變成——「我該怎麼辦？」「如果真是如此，我會變成什麼樣？」

迷失在這樣的念頭之中，會讓我們遠離當下，遠離身體的中心，創造一個分裂的自我，而不是完整的自我。

完整的自我，是這樣的：我是受傷的，我也不是受傷的。

古利根博士講過一個非常觸動我的故事，是關於他的合氣道師傅。當時這位合氣道師傅的兒子剛出生幾個月，他要照顧孩子，同時也要兼顧日常的教學。於是，他懷抱著柔軟的、嬌嫩的嬰兒一起示範合氣道的練習。他一隻手懷抱嬰兒，另一隻手勇猛地面對和迎接對手的攻擊。保護脆弱，同時勇猛地進入世界，一幅至柔至剛、陰陽融合的畫面在場域中徐徐展開。

- 一隻手保護你最脆弱的所在，一隻手朝向這個世界。
- 溫柔和勇猛，兩者同時並存。
- 保護脆弱和朝向世界，兩者也同時存在。

接下來，我想把這種狀態帶到練習中，讓你能夠建立真實的體驗，學會如何真正地保護自己，同時去連接他人、連接世界，學習愛的技巧。

❶安頓

找一個安靜的地方，站在那裡。感覺到根紮大地，穩穩地站在地面上。做幾次呼吸，吸氣時回歸到內在，回到心靈的家；呼氣時放鬆，放下，享受著生命力的流動，感受著氣息起起伏伏，潮起潮落。放鬆，回歸到當下。

❷ 身體姿勢：連接身體中心，並進入世界

你準備好後，慢慢地伸出一隻手，移到對著心口的位置，手掌距離心大概二十公分的位置，輕輕地抱持著心。你感受到心的柔軟、脆弱，同時感受到被保護。在那個地方停留一會兒……感受到這個空間裡，生命力的脈動、安全、溫暖、平安。

現在，邀請你抬起另外一隻手，朝向你面前的這個空間，代表進入世界，向世界打開，去感受這個身體的動作。

一隻手保護你的心，一隻手進入這個世界，體驗到這兩者都很重要。

在這兩者之間的呼吸，不是只在心的位置呼吸，也不是只在這個外在世界呼吸，在兩者之間的空間吸進來，呼出去。同時感覺這兩點，一個溫柔，一個勇猛，從這兩點之間的空間呼吸……當你這樣呼吸的時候，或許你會感覺整個身體都在呼吸，而你的頭腦變得更加靈活了。

在距離心二十公分左右的位置，感受到保護、安全、平安，像我們的第二層皮膚。

這樣一來，你既保護著自己的心，同時又可以從這個地方去觸碰其他人，不是沒

有任何保護層，將心完全地貼到他人身上，毫無距離地去連接，而是手掌像抱持一個能量球，如同第二層皮膚一樣保護你的心。

心是脆弱的，因為心是鮮活的，意識到你可以保護這顆柔軟的心，也能守護這一顆鮮活的心。同時用另外一隻手去連接其他人，進入世界。以這樣的一種溫柔而有力量的方式，進入生活、關係、工作。

❸整合，未來導向

再次感受這個身體姿勢，一隻手保護你的心，一隻手進入這個世界。進入你生活中的每一個地方，呼吸，感受，體驗，看到未來改變的畫面。

親密，就是我朝向你，我也朝向自己，既不是全副鎧甲，也不是一身軟肋，而是找到一個甜蜜的平衡點，保護內在的脆弱，連接那個不會受傷的核心，同時連接他人，走向世界。

脆弱無處不在，恰恰說明我們並沒有麻木，而是充滿感受力和生命力地活著。但脆弱最深的地方，不是脆弱。比脆弱更深的地方，是一個不會受傷的、柔軟的存在。而那個存在，需要我們有技巧地去連接，把善意帶到那裡，讓「她／他」感受到被保護和安全。一旦做到這一點，就能夠以溫柔而有力量的方式，勇敢地進入世界。

雖然感受到傷痛，但沒有因為痛而關閉心，我們善待和保護我們的心。心雖然破碎，但不是粉碎，是活生生的。我們全然地活在這個世間。如果我們練習和領悟到這一點，在生命的道路上前行時，就會給自己帶來更多的篤定和勇氣。

就如同魯米所說：

你今生的任務不是去尋找愛，只是尋找並發現，
你內心構築起來的，那些抵擋愛的障礙。

願你持續練習愛的技巧，發現並放下那些抵擋愛的障礙。

第四章

療癒，
四句神奇的咒語

傷痛最深的地方不是傷痛，
悲傷最深的地方也不是悲傷，
那是人性中最深的渴望。

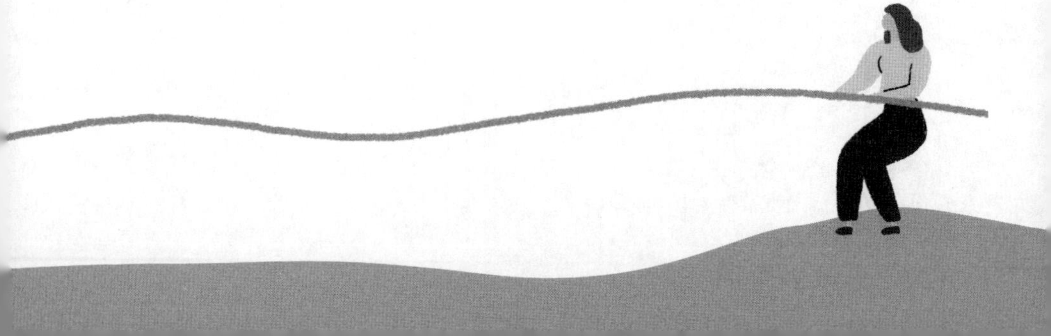

當你鳴響，一切打擊你的，皆給你力量。
來來回回，走入變化。
那是怎樣的體驗，這般劇烈地痛？
若這一杯太苦澀，你需把自己變作酒。

在這無法控制的夜晚，
成為你感官交匯的奧祕，
真正的意義發現於此。

如果世界不再傾聽你的聲音，
對沉默的大地說：我流動；
對奔騰的流水說：我在。

——里爾克〈讓這黑暗成為一座鐘樓〉

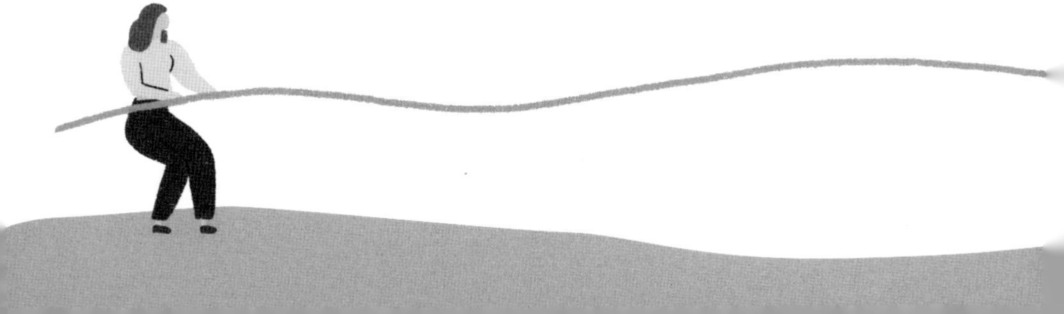

早期的誓言，製造了問題

早期的誓言

在一次的工作坊中，一位女士提到了某個困擾她多年的問題：「總感覺自己陷入了一種迴圈，和自己不喜歡的家人的命運模式特別像，怎麼擺脫這種迴圈呢？」

聽完她的問題，我轉向現場的學員，問大家：「在座的各位，小時候有沒有發過這樣的誓言——長大後我一定不要像媽媽或是爸爸！」多數人都舉起了他們的手。

「然後，隨著年齡的增長，大家有沒有發現，父母就在前面等著我們，我們變得越來越像父母了？」覺察之光照進來，課堂中響起了恍然大悟後的歡快笑聲。

- 「我一定不要像我媽媽。」
- 「我一定要讓父母開心。」
- 「我不可以脆弱，我一定要堅強。」
- 「不可以讓其他人瞧不起我。」

這些我們自己立下的「早期誓言」，是創造我們生命重複輪迴的一個原因。而且，很多「症狀」也是來自我們的早期誓言。在此需要做的是，轉化問題為資源。這意味著我們可以在成熟的年齡，發出成熟的誓言。

從這種反抗中，在那個早期發過誓言的地方，看到那個孩子，跟那個孩子說：「親愛的，你不需要改變，你就這樣，我就可以愛你；你不需要改變，就可以在世界上綻放獨特的天賦和價值。」

回到發誓的地方，把成熟的愛帶到那個地方，然後感謝他／她，並邀請他／她和你一起踏上屬於你自己的英雄之旅。

◆成長不是全盤否定過去，而是邀請過去的自己加入新的旅程

幾年前在吉利根博士的工作坊，他為我做了個案治療。

回憶起小時候，我對原生家庭表達愛的方式，在早期立下的誓言：我一定要照顧好家裡的每一個人，我要為家庭負起責任。

那個立下誓言的孩子，我既感覺到他的勇氣，同時也感受到他內心深處的悲傷。

吉利根老師問我：「你幾歲的時候就立下了這些誓言呢？」

他的問題把我帶回到我成長中的一幅家庭畫面：一個八歲的小男孩，在一

群焦慮、緊張、擔心、不安的成年人包圍之中——爸爸任勞任怨，夙興夜寐，辛苦地工作；媽媽眉心緊皺；爺爺奶奶臉上掩蓋不住地擔心。

「嗯，我要承擔起責任！」為了逃離內心深處的不安，最好的方式就是解離[11]。而早期的誓言是解離的一種方式。

這個八歲小男孩立下了這樣的誓言：我長大後，一定要照顧好這個家庭！我長大後，一定要有出息，改變這個家！不能再過這樣的生活了，我要照顧好我的爸爸媽媽、爺爺奶奶。

是的，這當然是有好處的。於外在的世界，一路走來，它幫助我努力工作，創造了某種程度的外在成功，給原生家庭帶來了生活上的改變，也讓我得到了許多認可，

11 解離（deflection）在完形心理學中屬於逃避策略的防衛機制之一，意指跟自己分開，感覺不到內心真正的情緒或想法。

「你是一個負責任的人」、「你真能幹」、「好在有你照顧我們，你真是我們的好孩子」，特別是「你真是我們的好孩子」。

「是的，爸爸媽媽，我承認，我真的很需要你們的認同。爸爸媽媽，我會照顧好你們，我是你們的好孩子。」為了感受到歸屬於原生家庭的清白感，我理所當然地立下了誓言。

難怪我一直被歐文・亞隆的書《媽媽和生命的意義》所觸動，在書中亞隆提到他在夢裡不停地問媽媽：「媽媽，我表現得怎樣？」而我在夢裡問的則是：「爸爸媽媽，我是你們的好孩子嗎？我是不是一個負責任的孩子？」

「我要為我的家庭負起責任」，這早期的誓言幫助我跋山涉水，走過一半人生路。然而，人生的下半段，早期的誓言往往會變成問題產生的原因。

現在，即使爸爸媽媽已經過上很好的生活，我做著自己喜歡的工作，有不錯的收入，也給自己的家庭創造了想要的生活，可我依然不敢放鬆，常常自責還不夠努力。最可笑的是，有一天在收拾去踢足球的裝備時，我把一本專業書放在包裡，心想萬一有時間就可以讀一讀。

一方面，我覺得：「如果我一直努力不放鬆，那麼，我就不用感受內心深處的不安。」但另一方面，生命一再提醒了我，長期的慢性壓力讓我精疲力竭並失去耐性，無法放鬆，無法享受，無法愉悅地和生命和生命中的一切事物在一起。

我擁有了曾經想擁有的東西，卻不敢享用這一切，似乎永遠只能往前衝。是誰？是誰在我稍微放鬆的時候就跳出來驅趕我呢？天啊，是那個對原生家庭充滿愛的孩子。

當時，吉利根老師看著我的眼睛說：「如果你放下『我要為我的家庭負起責任』的誓言，那麼你會是誰？」

這句話擊中了我，我帶著悲傷的聲音說：「我不敢想像……」

我完全不敢想像，那個不為原生家庭，不為父母負起全部責任的自己會是誰。

如果放下早期的誓言，解除了古老的身分認同，曾經熟悉的優越感和存在感就會蕩然無存。我彷彿一腳踏入虛空，然後墜落，墜落……跌得粉碎。那麼，現在我又是誰呢？我感覺渾身發抖，一層層厚實的外殼開始脫落。

慶幸的是，這個脆弱的自我，降落在吉利根老師臨在的抱持之中。

吉利根老師像一個發著金光的慈祥長輩，帶著溫柔的目光看著我說：「讓臣服[12]光臨吧，讓臣服再一次來到你的門前拜訪你吧。允許自己墜落、破碎吧，輕柔地打開，讓一束光照射進來，讓一個新的靈魂進來，你的人生不是其他人的人生。」

在這種安全、慈愛的抱持中，我的心慢慢地打開。

「放下責任。你來到這個世界，不是為了療癒你的家庭，你來到這個世界，是為了綻放你獨特的生命；你來到這個世界，是為了成為你自己；你來到這個世界不是為了療癒任何人，只需要活出完整的自己。」

一個新身分，伴隨著吉利根老師的祝福，輕柔地觸碰著我的身體中心。

放下責任，這不是否定過去的自己，否定那個帶著對家庭深深的愛的小男孩，那個想要為家庭負起責任的小男孩，而是告訴他，現在不一樣了。在那個時候，他年紀小，不懂得那是盲目的愛。

「如佛陀所說，你真實的本性是空性，是無限的可能性，不是來自任何人和環境的限制。是時候，讓臣服再次光臨，讓一個新的身分到來。在新的旅途中，你最想在生命中創造的是什麼呢？歡迎，歡迎……聆聽內在細小的聲音，把他帶到世界上。是時候建構一個新的身分，開展新的生命旅程了。」

如果我還像以前一樣，在那個資源匱乏的地方，在那個害怕的、沒有安全感的地方，發出這樣的誓言，那麼我一生都在負重前行。

---

12 臣服（surrender）：意指在適當的時機接受事實，放下成敗與執著，讓它隨著生命順勢而為。

但是今天，在成熟的年齡，我能夠把資源帶到那個資源匱乏的地方，把資源帶給那個小男孩，告訴他「現在不一樣了，我很好」，並且邀請他和我一起，踏入一段新的生命旅途，建構一個新的身分，創造新的現實。

在我們生命的旅途中，身分一定會經歷死亡和重生的過程，過去曾經對我們行得通的一切，也許，到了人生某個階段就不再適用了。與其懷念，不如悼念——鞠躬、感謝、放空、轉身，放下早期的誓言、執念，讓一個新的靈魂流過你、觸碰你。

坎貝爾說，有時候我們一路爬著一個梯子到了頂端，結果發現這個梯子搭錯牆面了，搭到了別人想要的牆上。那麼，請讓我們在上面享受一下尊嚴，然後再慢慢地爬下來，重新進入自己的旅途吧。

◆終其一生，我們的許多身分必然經歷死去，然後重生

生命是一段英雄之旅，召喚我們成為自己，綻放生命的天賦。活著不是為了緊緊

地抓住現有的東西，不是為了避免失去、受傷，也不是徹底拋棄過去，而是輕柔地放下往昔的身分認同，謝謝那個立下「早期的誓言」的孩子，給他擁抱、給他愛、給他一個位置，然後轉身，朝向新的旅程。

在生生不息催眠中，我們的目的不是丟掉舊的東西，因為它曾經在過往保護著你，為你的人生做出了某些貢獻，只是在你人生的這個階段，它限制了你。

前半生的優點，往往會變成我們後半生的弱項；現在，我們也可以把弱項變成強項。一旦意識到這一點，我們就可以往後退一步，創造一個更大的空間，把不同的變化帶進來，編織一個新的身分。在一個空間中，抱持著兩個不同，就可以創造出第三個不同。就像陰和陽一起，可以創造萬物。

生命是一段偉大的意識之旅。生命之河流淌著，每一天都是全新的。**在生命的旅途中，我們的身分認同註定會中斷，經歷破碎和重生。**

就像在四歲時，你可能建立了一張關於「什麼是信任」的地圖，比如無論如何，父母講的話都是對的。不管這張地圖過去有多麼重要，但到中年時，信任的地圖一定要改變，不然，舊的地圖無法幫助我們到達新的目的地。

所以很自然地，我們終其一生有許多身分必然會死去，接著重生。而催眠就是促成這個過程發生的一個主要工具，促使我們重新創造、更新、延展身分，並繼續踏上充滿創造力的旅途。

每當挑戰來臨，每當你感覺到分裂、自我懷疑、迷惘的時候，你都可以嘗試下面這個練習，連接你的身體中心，調頻意識與潛意識，從身體中心去連接、說話、流動，再一次回到自我的完整之中。

邀請你，在你的內在打開一個空間，
把以前的珍寶放在空間的某個角落中，
但不是將他掩埋起來，
他依然在一個活生生的位置，閃爍著光芒……
你眼角的餘光能夠看到他，偶爾，你對他眨一眨眼，
但是他也知道，現在，你需要踏上一段新的旅程了，

新的身分，新的未來，去活出第二段生命，
一段自我實現的英雄之旅。
現在，他成為你的祝福者、見證者、支持者，
是你整體生命中不可或缺的一部分。

身處內在的世界，不是倚靠頭腦的邏輯判斷，
以前是壞的，現在才是好的，
不，現在，也是未來的過去。
每一個過去，你都按照自己最好的選擇，
在當前的環境裡應用你的智慧，保護你自己，
做出你最好的選擇……
「解離」也是一種愛，
雖然過去已經不適合一個新的未來。

只需要明白，你不只是這樣，
你不僅僅是這樣，
有更大的生命召喚你，
有更大的意義等待著你去發現，
有更大的目標等待著你去超越，
你來到這個世界，不只是這樣……

打開一個空間，存放好以前的珍寶，
重新去聆聽，在你來到世界之前，
你想在這個世界活出的綻放樣子是怎麼樣的？
追隨這份激情，等待頓悟的時刻，
去掌握生命的奧祕。

症狀的形成：枯死於內在的渴望，變成了症狀

◆重複的負面模式背後，是沒有被滿足的內在需求

小時候，我們在脆弱、受傷的地方會立下早期的誓言，比如「我要讓父母快樂」、「我一定不能失敗」。於是在成長的道路上，我們常常用力量壓抑脆弱、需求和天然的渴望。

也許，這在我們的前半生是有效的，也帶來了外在的成果。但是年幼的我們立下誓言去滿足他人的需求，那麼我們自己呢？我們的需求誰來滿足？內心的渴望誰來聆

聽？我們又該在哪裡得到呢？

被非人性對待的渴望和需求會枯死於內在，產生負面行為和負面的體驗——上癮、焦慮、逃避、憂鬱。這些症狀往往預示著背後有一些未能被充分聆聽的渴望和需求，比方說：上癮可能源於依戀的需求沒有被滿足；焦慮可能源於歸屬感的需求沒有被滿足；逃避可能源於被接納的需求沒有被滿足；憂鬱可能源於綻放生命力的需求沒有被滿足。

實際上，讓我們感到不適的、傷痛的症狀常常是一種信號，在提示我們要去聆聽內在某個無人看見的角落。在此，我們將一起學習如何瞭解內在的渴望，以及如何聆聽它、滿足它，以幫助我們繼續生命的旅程。

來訪者阿雲，她的故事讓我深刻體會到沒有被滿足的需要，是如何轉化為症狀的。

阿雲三十四歲，因為焦慮和失眠來找我諮商。在談話中，她告訴我從三歲起，三十多年來，因為晚上睡覺會感到害怕，她都不敢關燈。

我觀察到阿雲的身形，明顯看起來比一般的肥胖更胖。我想，阿雲那個內在脆弱、害怕的部分，是不是需要外在這個碩大的身體，讓自己看起來更有力量，好平衡內在的不安全感呢？

「三歲那年發生了什麼呢？」我問。

「父母在我三歲的時候離婚了，從那時起我和爺爺奶奶住在一起。印象中，當時對我來說，最煎熬的事情就是，爺爺奶奶一個房間，我自己一個房間，我真的好害怕。害怕鬼會從某個黑暗的角落冒出來，所以我只能整夜開著燈，照亮每一個角落。這樣我才能安心地閉上眼睛，直到疲倦感將我征服，我才可以昏沉睡去……」

「阿雲，我真的很遺憾聽到這些，在妳這麼年幼的時候，在妳需要感受到安全、需要照顧、需要被保護的時候，妳不得不一個人去面對。」我輕柔地看著阿雲，感受著那個三歲的無助的小女孩，對「她」說。

阿雲似懂非懂地點點頭，但很快地，就幾秒鐘的時間，她的表情從一個三歲的女孩變成了一個成熟的大人：「其實沒什麼，父母也是沒辦法，我當然要學會照顧自己。你看，我不也這麼走過來了，就是不知道為什麼不敢關燈睡覺。」

「嗯……阿雲，是的，那個三歲的小女孩，只能照顧自己，保護自己。開著燈，那個小女孩就放心一些了。她是個聰明的孩子，對父母懷抱著很多的愛，彷彿在說，爸爸媽媽，我會照顧好自己的……」

我把這些理解、友善、慈愛的話語，送到阿雲的身體中心，希望觸碰到她內在深處那個靈性的存在。

當渴望無法在世界上表達，只能壓抑下去，枯死於內在的時候，人的內在往往就會發展出負面的方式去滿足需求，讓負面行為模式重複。阿雲開著燈睡覺、過度肥胖也是如此，都是為了減輕需求未被滿足而引發的內心痛苦。

潛意識發展出這些負面模式是為了帶來平衡——需要保護及安全的渴望無法從家庭中得到，那麼開著燈睡覺就感到安心一些；肥胖，可以讓自己看起來更有力量。

生活中，其實我們還有很多這樣的時刻，像是：

- 需要獨處的需求沒有被聆聽，於是用熬夜去滿足。
- 需要被看見的需求沒有被聆聽，於是就用指責、抱怨去表達。
- 需要連接自己的需求沒有被聆聽，抽菸就可以和自己待一會兒。
- 無法感受到自己活生生地活在這個世界上，也許酗酒可以幫我做到。

然而，這其實只是一種解離的模式，是短期策略，並不能帶來長期效益。

解離是一種暫時性讓自己逃離沒有資源面對痛苦時的反應。也就是說，它是在過往資源匱乏時，為了能夠讓自己感覺好過一點，得以度過痛苦的時間，麻木自己，以逃離痛苦體驗的自我保護反應。

比方說，我的一位來訪者回憶小時候常常被酗酒的父親虐待時說：「我無處可去，反正不久就會再次發生，於是我就讓自己出神，想像自己是另一個人，創造一段距離去逃離痛苦……」在當時資源匱乏的情況下，對他而言，解離也是一種愛，一種自我保護的方式。

我們長大後，作為成年人，已經擁有了更多的資源。如果我們沒有把資源帶到那個資源匱乏的地方，傾聽自己、滿足自己，而是讓解離成為一種習得的慣性反應，當觸碰到傷痛時，意識就會很快地飄走。那麼，我們就無法知道自己卡在哪裡，在哪裡產生了解離，也就無法把成熟的愛帶給自己了。

◆把人性的連接，帶回到那個未被滿足的地方

面對阿雲因為解離而發展出的負面模式，我的工作是幫助阿雲保持在當下，並把資源帶到那個資源匱乏的地方。我希望阿雲在這樣的關係中可以體驗到，在生命的旅途上，解離並不是進入生命的唯一方式，除了解離，還有連接。

「阿雲，我很抱歉，在成長中，妳內在的脆弱、傷痛、渴望，無法被人們傾聽。但是我也很開心，在今天，在妳長大之後的現在，妳可以充分地表達內心。」我邀請她放鬆下來，感受身體中心，聆聽她的傷痛。

阿雲靜靜地感受了一會兒說：「老師，我真的感受到，我的內在非常地孤單和害怕……」在幾次深呼吸後，我引導她繼續前行，在身體中心感受，並說出：「在傷痛最深的地方，我感受到最深的渴望是……」

她靜默了一會兒，緩緩地睜開眼睛說：「我最深的渴望是放鬆和安寧。」

終於，阿雲把內在人性自然的渴望帶到我們的關係中。

「阿雲，能夠聆聽自己的需要、知道自己要什麼真的很好。歡迎，歡迎……就像催眠大師艾瑞克森說的，開始第二段童年永遠不會遲。在妳三十四歲的年齡，我很好奇，妳在生命中做些什麼，就可以連接上放鬆和安寧呢？妳做一次呼吸，輕輕地閉上眼睛，邀請妳內在有智慧的潛意識，送給妳一個畫面……妳如何為自己創造更多的放鬆和安寧？」

我帶著好奇心，抱持著阿雲所有不同的部分、不同的自我，流過我、觸碰我、教導我，讓她有創造力的潛意識引導我支持阿雲，為她的生命帶來改變。

她做了一次呼吸，輕輕地閉上眼睛，臉上露出了微笑，開始描述一個畫面：

「晴朗的天空，微風吹拂，天氣剛剛好，我一個人坐在那裡享受放鬆與安寧，內心的安寧。感覺時間過得很慢，而我放鬆地享受美好的一天。」

我邀請阿雲在這個畫面待一會兒，同時我也讓自己進入這個畫面，去感受和連接，把她所描述的感官細節、畫面、感受……帶著催眠的聲音重複地送回給她：「妳可以享受美好的一天，也可以創造屬於妳自己的生命體驗。感受到放鬆，安寧……」

在我們的空間裡，一個連接著的生生不息場域慢慢打開。

「在這個放鬆、平靜、安寧的地方待一會兒，做一次呼吸。感受到，我可以聆聽自己的渴望，我也可以在有資源的成熟年齡，為自己做些什麼，滿足自己的渴望。妳有能力、有資源，知道自己想要什麼，然後可以幫助自己……每一天慢慢地朝向放鬆、安寧、美好的未來前進。」

她全身放鬆又專注，靜靜地呼吸著、感受著。

我再一次鼓勵她：「這不是很好嗎？妳能夠聆聽妳的渴望。在妳小時候，無法為自己這樣做，只能依賴其他人。現在，妳可以為自己這樣做，關愛自己，滿足內在的渴望。我邀請妳懷著好奇，把這一份體驗、這一份感受帶進每一天。在妳睡覺的時候，輕柔呼吸，放鬆身體，感受晴朗的天空，和微風吹拂……我能夠照顧好自己，我能夠給自己安全，連接安寧、放鬆，美美地睡一覺。如果妳每天為自己這麼做，並做出承諾，滿足自己。這會為妳的生命帶來怎樣的不同呢？」

我們靜靜地待著，幾分鐘後，我伸出手，阿雲也伸出手，我們緊緊地握了一會兒，祝福阿雲展開一段新的旅程。

◆讓你的傷痛、渴望、承諾發聲，讓你的心發聲

如艾瑞克森所說，無法表達的渴望，或許就是精神官能症的來源。它通過負面的方式表達出來，或許是失眠，或許是焦慮，或許是身體的問題……

症狀正在提醒你，是時候聆聽自己內心深處的渴望了。在有資源的地方，去理解、

看見、滿足、連接、承諾，去看見那些被壓抑下來、不得不被塵封起來的渴望。當我們為自己的需求負起責任時，就能夠回歸到自己的力量之中。

因此，你在任何感覺到瓶頸，在負面體驗中不斷重複時，你可以練習安頓下來，觸碰身體中心，聆聽你內在細小的聲音，在你的身體中心表達和連接。

連接身體的中心，也許是你心口的位置，在那裡做幾次呼吸，感覺連接著你的心，讓你的心向一個更大的空間打開。然後你可以低聲地說出以下幾句話：

❶「今天我的傷痛是……」

也許你的傷痛是無助，是感到孤單，是感到被離棄。無論是什麼，做一次呼吸，連接你的身體中心，說出：「今天我的傷痛是……」

感受到把這種傷痛，從你的身體中心帶到一個更大的場域之中，然後再做一次呼吸，繼續連接你的身體中心，說出第二句話。

❷「今天我的渴望是……」

也許你渴望連接，你渴望平靜、渴望愛。無論是什麼，做一次呼吸，連接你的身體中心，說出：「今天我的渴望是……」

感受到把這份渴望，從你的身體中心帶到一個更大的場域之中，然後做一次呼吸，繼續連接你的身體中心，接著說出第三句話。

❸「今天我的承諾是……」

也許你的承諾是擁抱自己，是把微笑帶給自己，甚至是冒險和挑戰。說出「今天我的承諾是……」，用一個成年人的力量和勇氣，把它帶到這個世界上，付出行動，讓夢想成真。

你從你的身體中心，把心靈的不同部分逐漸帶到這個世界上，並成為這個世界的一部分，就是成長。

最後，我想分享一首愛爾蘭詩人約翰・奧多諾赫的〈讓你的心發聲〉。

因為心在那無人看見的角落，
我們經常忘記它有一種神聖的能力，
能夠感受到在我們身上發生的一切，
在我們沒有留意的時候，
心就吸收了喜悅，也吸收了其中的苦難，
於是在我們之內，產生了一個負擔。

正因為如此，
是時候去傾聽你的心，
傾聽心的聲音，
有時候最簡單的事情，
就帶來了意料之外的蛻變。

愛爾蘭的老人過去曾說，
若能將負擔共同承擔，
這個負擔就減輕一半，
同樣如果你允許你的心發聲，
它的負擔就會消失一半，
讓心靈的感覺進入你的身體，
身體會像被水沖過一樣如釋重負。

記得，讓你的心發聲，聆聽你內在那個無人看見的角落，因為傷痛最深的地方，
是人性中最深的渴望。

第一句神奇咒語：這不是很有趣嗎？

我們探討了早期的誓言及內在未被滿足的渴望兩者與症狀的關係，瞭解了問題形成的原因，接下來，我將會分享在生生不息催眠的工作中四句順勢而為的神奇「咒語」，給你應對問題的智慧，為你帶來療癒：

- 這不是很有趣嗎？
- 在這個地方，有一個存在。
- 他／她需要你的聆聽，需要你把療癒帶給他／她。
- 歡迎，歡迎……

每一種模式都有正向或負向的價值與形式，至於是正向的還是負向的，則取決於我們與之連接的方式。

這四句神奇的咒語，就是創造性地接納，正向連接負面體驗與負面行為的方式。就像太極大師一般，順勢而為，應用一切已經存在的事物，四兩撥千斤。你將會從中找到一種創造性的「魔法」，可以將負面能量轉化為正面能量。

◆這不是很有趣嗎？

我們來看第一句咒語：「這不是很有趣嗎？」——學習如何用好奇心代替野心，打開一個創造性的空間。

這句咒語將幫助你獲得一種嶄新的面對問題的態度。如果你不再把症狀看作問題，而是將其視為一個嚮導，那麼它將指引你朝向新的生命旅途邁進。

「老師，為什麼剛剛你引導我們放鬆安靜下來，我就有這麼多念頭冒出來呢？」

「知道這一點，不是很有趣嗎？每當你放鬆的時候，就有很多念頭冒出來。」

「老師，為什麼每次我安靜下來的時候，就覺得很孤獨，一定要找些事情做，不停看手機或者找朋友聊天，總是無法好好獨處，這是為什麼呢？」

「這不是很有趣嗎？當你和自己在一起的時候，你內在有一個孤獨的部分就會來到當下。」

「老師，為什麼我想專注、投入地工作，但是我總感覺疲倦，然後就拖延呢？」

「嗯，知道這一點，這不是很有趣嗎？」

我常常微笑著對來訪者說：「知道這一點，這不是很有趣嗎？你正在努力地反抗你自己。」這不是很有趣嗎？你越想去掉某個部分的自己，你反而更焦慮了。何況你也試過了很多次，不停地對抗，只想戰勝他／她，卻往往讓你更加害怕了。

這不是很有趣嗎？是一種帶著頑皮、健康的懷疑的反問。

通常，來訪者在這個反問裡會感到一絲驚訝。就像一個埋頭趕路的人，被不遠處的人叫了一聲名字驚了一下，然後駐足，眼光投往一個新的方向，望著熟悉又陌生的臉孔，停頓下來，打開一個空間，等待一個畫面、一種記憶冒出來。

◆讓動物性的自動化反應模式暫停，退後一步，打開一個空間

遇到挑戰的時候，如果處在僵化的意識狀態中，我們往往會陷入動物性的自動化反應模式：戰鬥、凍結、逃跑、封閉。比如，你在親密關係中感到受傷時：

- 如果是戰鬥，你可能會表現出憤怒、指責、抱怨。
- 如果是凍結，你或許會呈現解離，脫離身體，心不在焉。
- 如果是逃跑，你可能會退縮、焦慮、躲避。
- 如果是封閉，你可能會麻木、憂鬱、冷漠，人在能量卻不在。

為了讓動物性的自動化反應模式暫停下來，退後一步，打開一個空間，並把抗拒的經驗放到生命的整體之中，我們會用溫柔的、頑皮的、好奇的方式說著這樣一句咒

語：「這不是很有趣嗎？」

你內在的某個存在準備甦醒，他／她會是什麼呢？這不是很有趣嗎？什麼樣的事物會啟動你，自然地讓原本單獨的你感受到超越，並連接更大的自我？這不是很有趣嗎？用好奇心代替過度思考，讓無為、等待代替過度用力——打開一個空間，輕柔地抱持一個正向意圖——生命嘗試幫助我的是什麼呢？

內在的所有部分都是為了幫助我們，如果帶著尊重與好奇，請其教導我們，往往可以收到潛意識自我帶來最好的饋贈。但前提是，我們能帶著信任、好奇、無為，等待頓悟的時刻到來。當我們拿掉所有的評判，創造一個安全的地方時，便能夠邀請更深的智慧出現。

我有一位來訪者海陽，人到中年，因為失眠和憂懼來找我。海陽經營著一家不錯的企業，但總是擔心：萬一有一天我的事業失敗了呢？

這種擔憂不停地襲來，讓他無法享受自己的生活，每天就像處在風浪之中，勉強維持著一切不失控，完全沒有餘力欣賞生命中的其他風景。漸漸地，他的身體也開始出現症狀，失眠、焦慮、容易疲倦。

他為了解決煩憂，學習了一些課程，每天練習靜心，但是情況並沒有好轉。

我感受著他的講述，讓他的話語流經我的身體，在我的身體中心，給海陽那個「擔心的自我」一個位置。一次深呼吸後，我溫柔地笑著，回應他說：「聽起來，於你的內在，有一個部分來到了你身體的中心，他想通過你甦醒……這不是很有趣嗎？我確信他是有意義的。他的到來，是想要提醒你，想要召喚你，在你人到中年的時候，可以過一段怎樣不同的人生呢？」

海陽緊皺的眉頭鬆開了一點：「老師，我想過很多種名字去形容，擔心、焦慮、恐懼，但唯獨不覺得是有趣的，也從來沒意識到這些是有意義的。當聽到你這麼說的時候，我心口的位置好像放鬆了一些……」

「嗯，海陽，你也如同我見過的很多人一樣，總是想通過靜心的方式去掉擔心。但是，你也發現了，當你想把擔憂的自我消除掉的時候，他並沒有離開你，反而讓你更焦慮了，知道這一點，這不是很有趣嗎？現在，你開始對他好奇，懂得聆聽他，你反而放鬆多了。」

我邀請海陽輕柔地把手放在身體感受到擔憂的地方，給「擔憂的自我」一個家，把好奇、善意、連接帶到那個地方，讓「他」安定下來。

接著我帶著催眠節奏的語氣，和他一起進入內在的探索：「讓你的內在打開一個空間，去觸碰這個地方，去感受在這裡，有一個存在，他提醒你，你的事業對你來說真的很重要。我確信他的到來是有道理的，歡迎，歡迎。

「如果你好奇他的到來如何在下一段人生旅程中幫助你，那會創造怎樣的不同呢？不同的體驗、新的意義、新的活法，會帶給你一個怎麼樣的未來呢？會如何活出一段屬於你自己的生命旅程呢？我邀請你去感受，在你新的人生旅程中，除了你的事業，你還是誰呢？」

如我的預期，他有點驚訝，停頓了一下，說：「嗯，我還是孩子的父親。」

我去感受海陽不同的面向：「是的，你是一個投入事業的人，也是孩子的父親，知道這一點不是很棒嗎？海陽，你還是誰呢？」

「嗯，我還有很多擔憂……」「是的，你的內在有那麼多的不同，這不是很有趣嗎？你能同時體會到這些，不是相當地豐富嗎？既然如此，那為什麼不能享受它呢？」我們共用同一個關係的場域，深深地連接著。

「現在你開始探索，創造一段新的人生……想想如何連接每一個不同的面向，不同的自己？如何接納自己，愛自己？如何享受每一個當下，一種新的進入生命的方式？在你的內在，有一個部分想通過你，來到這個世界甦醒。」

我引導海陽去聆聽、連接、好奇，不再把這個「擔憂的自我」看作問題，不是在生命中去除這個部分，而是當作生命中普世經驗的一部分，把「問題」的呈現看作是一個嚮導，指引他朝向一段新的生命旅程。

不久，他睜開眼睛對我說：「真奇怪，這股擔心的能量變成了一種平靜、期待與希望，似乎在那個地方，有一顆發光的星星閃爍著。」

我微笑著對他說：「當你聆聽他，當你觸碰他，當你把好奇帶給他的時候，擔心變成了平靜、期待。」我感受到海陽深深地處在生生不息的狀態中，作為一個男人，柔軟、脆弱、堅定……他的心寬大地敞開著。

◆用好奇心，代替追逐答案的野心

「這不是很有趣嗎？」這一句話，恰如畫裡的留白。

多年的諮商經歷讓我意識到，**人們的核心需求常常是通過痛苦來呈現的**。人們遭遇痛苦時，往往急於去掉痛苦，尋求建議，找到方法。但是，我們無法給來訪者的每一個問題予以答案，心理諮商室中，最不需要的是一個給建議的諮商師。

同樣，生而為人，我們也無法給自己所經歷的一切一個立刻清晰的答案。因為，生命並不是一個待解決的問題，生命是一個正在展開的奧祕。

一切都在變，那些對生命保持好奇，帶著覺察不停探索的人，才是生命的大師。

真正的改變並不是消除掉某些東西、某個存在，而是打開一個空間，讓每一個存在都可以成為這個完整空間的一部分。如果我們用好奇心代替追逐答案的野心，一個生生不息的可能性空間就打開了。

如果對於潛意識帶給我們的畫面、資訊、象徵及能量，不加以反抗，也不評判，只是聆聽、好奇、連接，那它們可以為生命帶來什麼不同呢？又能如何幫助我們在生命中帶來更多的美好呢？

據說在中古時代有一位聖人，人們問他祈禱的時候在對上帝說什麼。他說：「我在聆聽上帝要說什麼。」然後，人們又問他，「那上帝在說什麼呢？」聖人說：「上帝在聆聽我要說什麼。」

也許，這位聖人提醒人們，進入生命中的智慧是——用好奇心代替野心。但願當我年邁時，我仍然充滿著閃閃發光的好奇心，這將是我生命中最美好的事情。這，不是很有趣嗎？

第二句神奇咒語：在這個地方，有一個存在

◆為「忽略的自我」，找到一個家

我們來談談療癒的第二句咒語：在這個地方，有一個存在——學習如何在身體中心給「被忽略的自我」一個位置，以及人性化的支持。

不知你是否有過這樣的體驗：當面對問題或挑戰時，你的專注力會變得非常不穩定。你的念頭時而向內攻擊自己，時而投射在外指責抱怨，各種情緒包含不安、煩躁、恐懼、焦慮，瞬間襲來，不斷變換。此時，你很容易離開身體中心，在崩潰的狀態中苦苦掙扎。

如果某種經驗在我們的身體裡總是找不到棲息之地，就註定成為四處流竄或變幻莫測的負面感受，分散我們的注意力，也將會傷害我們的自信。氾濫的焦慮與躁動瀰漫在全身和周圍。

比如一個人說「我生氣了，我好恐懼，我很憂鬱……」，背後其實潛藏著這一層意思：生氣等同於我，恐懼等同於我，憂鬱等同於我——問題就是我，我就是問題。

那麼這時候，管理、運用、轉化問題的人在哪裡呢？如果問題占據整個生命的空間，我們就會被問題操控。

當我們練習在身體的中心給予問題一個位置時，就意味著：問題只是我內在的一部分，而「我」比問題大。

在這樣的空間裡，我沒有成為問題的本身，也沒有離開問題，而是和問題保持著健康的距離：問題在那裡，我在這裡；問題在我的身體中心，他／她是我的身體，是完整自我的一部分，我可以和問題共存，我可以和問題待在一起。

這時候，我們的認知自我就可以更富有創造性地接納、回應、支持問題流經身體自我的柔軟中心，我們可以應用來自潛意識的一切事物，讓生命中充滿生生不息的創造力。因此，確定和感受到問題在身體的中心，對於轉化負面經驗和生命的流動來說非常地重要。

當來訪者在經歷問題，遭遇挑戰，感覺受傷、無力、挫敗而來向我尋求幫助時，我常常會問他們一個問題：「當問題出現的時候，在你身體的哪個地方，你最容易感受到它呢？」

很多時候，他們都會停頓幾秒，然後多數人都會回答在心或者腹部丹田的位置。

通常，我會邀請他們把手輕柔地放在那個地方，帶著善意把呼吸帶到那裡。這種非語言的動作代表著——現在，我給曾經抗拒和排斥的經驗、被忽略的自我，在我的身體中騰出一個屬於他們的位置，給他們一個家。

接著，我就會對他們說：「在這個地方，有一個存在。歡迎，歡迎……」

同時，我也會敞開我的身體中心，擁抱他們的負面體驗和被忽略的自我，為其提供一個暫時的「包容空間」。這樣的方式會讓來訪者平靜下來，並獲得支持。

當一種經驗在身體中心被給予一個位置的時候，它將傾向於改變。這也是托馬斯・默頓這位僧侶所稱的有效受苦的一個特性。

一位來訪者因為嚴重的焦慮找到我，起初他說，這種焦慮的感受就好像他的胸口有一個結。我邀請他把專注、好奇帶到身體的中心，給焦慮的存在一個空間。同時我對著他的身體中心輕柔地說：「在你身體這個地方，有一個存在來到了……」

我帶著尊重、專注和支持對著他的身體中心說，就像和他身體中的一個「人性存在」說話一樣。我們把更多的專注帶到那裡，和他一起呼吸，接著他發現，胸口的結變成一個受驚嚇的八歲小男孩。我邀請他繼續懷著好奇，給小男孩更多的空間、尊重……過一會兒，他發現「他」竟然變成了一個快樂的小男孩。接著，這個小男孩的意象變成了一片開滿花朵的原野。最後，成為一個充滿智慧的老者。

在這個過程中，身體中心就像一個穩定的「容器」，包容著與問題相關的所有體驗，流動著、轉化著。每一種生命體驗，無論是正向的還是負向的，都可以經由身體柔軟的中心，逐步編織一個新的身分、一幅新的地圖，創造新的現實。

「在這個地方，有一個存在」，幫助人們從解離中回歸當下和連接身體自我。讓「被忽略的自我」得以在身體中心定位，幫助人們返回當下的真實處境，回到此時此刻的時空中。

「在這個地方，有一個存在」，為被忽略的自我打開一個空間，可以幫助我們在自己的身體中心回應、支持與轉化負面經驗。

◆中心打開加上祝福，生生不息的催眠就產生了

在日常生活中，問題、挑戰和負面經驗一定會流經我們，啟動我們的身體中心，我們要在身體中心給它們一個位置，給它們一個家。它們被「容器」抱持著，我們的

認知自我和身體自我才能連接，並走向彼此，走向完整。只有這兩者完整了，我們才能體驗到更強大的關係自我。

那麼，具體怎麼應用呢？我想，我和兒子最近的一次互動是一個很好的例子。請試著覺察看看，身邊最親近的人總是很容易啟動我們的身體中心。

有次因為出差，我回到家已經凌晨三點多，但隔天一早我就起床工作了。兒子起床後，看到我在書桌前工作，他有點擔心的樣子說：「爸爸，你那麼晚才睡覺，怎麼不多睡一會兒，這麼早就起來？」

我點點頭，回答他因為要趕著交一篇稿子。

他繼續問：「那你寫完文章之後，今晚會去哪裡？」

我說：「我今晚就會去另一個地方出差了，去五天。」

他聽完，走到我身邊，抱抱我說：「爸爸，你辛苦了……」

他這麼說的時候，我感受到我的身體中心被啟動了，內心深處一陣隱隱的悲傷升起，浮現出一個聲音：「哎，我真的好累，不想背負那麼多了。」

我意識到，我的身體中心被啟動了，有一個存在來到——一個早年的「受傷的自我」來拜訪我。我輕柔地把呼吸帶回到身體中心，把成熟的愛帶到那裡。接著我做了一次呼吸，微笑地望向他，對他說：「孩子，謝謝你關心我，爸爸會照顧好自己的。」

到了下午，他出門和朋友聚會，但奇怪的是他打了兩次電話給我。三點多的時候，我接到他的電話：「爸爸，你今晚幾點從家裡出發？」我告訴他大概六點多。

他回答：「好的，因為我今天出門和朋友見面，可能會晚一點，不知道能否趕得及回來。」

「沒關係呀，你要是晚回來，我們晚上電話聯繫就好。」他「嗯」了一聲，然後跟我說再見。接著到了下午六點鐘，他又打電話過來：「爸爸，你出門了嗎？」

我說：「還沒呢。」他帶著一點兒歉意說：「我可能來不及回來了。」

我對他說：「沒關係呀，我自己出發就可以了。」

掛斷電話後，我立即感覺到，在我的身體中心升起了一種被關心、被關注的尊重感，同時我又感受到孩子的擔心、內疚、掙扎……於是我決定回撥電話給他，我說：「謝謝你給我打了兩次電話，爸爸知道你很關心我，想在我出門的時候和我說再見，跟我擁抱。我也非常理解你和同學在一起，現在不能回家，希望你和朋友們玩得開心，爸爸會照顧好自己。你好好地和朋友一起玩，爸爸會很開心，我們過幾天再見吧。」

放下電話，身體中心流動著愛和力量……未竟事宜的感覺終於消失了。

在我和孩子的關係中，平常的日子，平常的事件，如果帶著精微的覺察去感受身體中心，包含孩子的、我自己的，我們的身體中心就會被啟動。

「在這個地方，有一個存在……」，很明顯，孩子的身體中心被啟動了，有一個愧疚的存在到來，或者一個擔心的存在到來，伴隨著認知自我的聲音：「爸爸為我付出這麼多，而我卻在外面和朋友玩。」「我想關心爸爸，但偏偏和朋友約在這個時間點，無法回家……」

擔心、愧疚、掙扎在我兒子的身體中心被啟動，他認知自我的回應是負面的。如果我的回應也是冷漠或負面的：「我都是為了你才這麼辛苦，你卻整天去找朋友玩？為什麼不去複習功課？」

中心打開加上詛咒，一種負面催眠就會隨之產生，孩子很可能會形成一種固著的身分認同，像是——我不是一個負責任的人，我來到這個世界是一個負擔，我不是一個好孩子。

然而，我並不想兒子用父親的角色來照顧我，我只想他做我的孩子，我只想祝福他，平靜、放鬆、開心地做我兒子。

當我打電話對孩子說「我會照顧好自己，謝謝你對我的關心和愛，你可以和你的朋友享受當下」的時候，中心打開加上祝福，生生不息的催眠產生了，孩子就會認為：我是有價值的，我是被愛的，我是可以享受生命的。

◆個人有限的歷史與認知，不足以面對生命的整體

我們生活在一個整體的系統中，每一個人都是人類社區的一分子，遇到的核心問題都是人類整體中的一部分，比如什麼是親密、什麼是愛、什麼是信任、什麼是背叛、什麼是受傷、如何做一個爸爸、如何做一個媽媽等。

這不是一個人的問題，這是每一個人都會經歷的核心挑戰。這些關於生命的意義的問題，通常都會啟動我們的身體中心。

然而，個人有限的歷史與認知，不足以面對生命的整體。因此，一種比認知頭腦智慧更深的、祖先賦予的原型智慧，通過你的身體中心，來到你的生命道路上，幫助你活出更美好的人生。

吉利根博士常常跟來訪者開玩笑說：「生命要來挑戰你囉！」生命想要的是，讓你更完整地成長、發展，進而幫助你活出成熟而獨一無二的自己。祖先智慧在我們成長的不同階段，來到每個人的身體中心，提供各種經驗和關係，

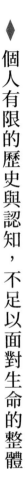

以觸發成長。

「在這個地方，有一個存在……」，我們的挑戰就是練習去歡迎、聆聽、接受、瞭解，並表達出生命想要帶給我們的禮物。當人類共同的核心問題被啟動時，祖先賦予的原型智慧想通過我們來到這個世界，召喚我們去超越認知自我的界限，並且轉變為人類深層經驗的一部分。

在這個地方，有一個存在想要通過我們甦醒，我敢肯定「他」的到來不是問題的原因，而是問題的解決方案。對於生命流經我們的所有經驗，能夠正向地支援和回應，這就是一個人成熟的象徵。

每一個人，都是兩個不同自我之間的關係——認知自我與身體自我之間的關係，意識與潛意識之間的關係，我和更大的場域之間的關係。

如果兩個「我」之間的關係是衝突的，就會產生低等的身分狀態，陷入自我憎恨、自我責怪、自我懲罰的漩渦。

「在這個地方，有一個存在，他想通過我來到這個世界，歡迎……」，給他支持，與他連接、共振，就會產生高等的身分狀態，使我們活出自信、幸福、健康、美好的人生。德里克・沃爾科特在他的詩〈愛之後的愛〉中說道：

總有那樣一天，
你會滿心歡喜地歡迎你的到來，
在你自己的門前，自己的鏡子裡，
彼此微笑致意，
並說：請坐，請吃。

你會再次愛上這個曾是你自己的陌生人。
給他酒喝，給他飯吃。
把你的心還給他自己，
還給這個愛了你一生，
被你因別人而忽視，

卻一直記著你的陌生人。

把你的情書從架上拿下來，

還有那些照片、絕望的小紙條，

從鏡中揭下你自己的影子。

坐下來。享用你的一生。

第三句神奇咒語：他／她需要你的聆聽，需要你把療癒帶給他／她

內在小孩，並不弱小

接著，我們來學習療癒的第三句咒語：他／她需要你的聆聽，需要你把療癒帶給他／她——如何連接到問題背後的正向動機，並把資源帶到那裡。

我的老師吉利根博士，從二十世紀七〇年代開始進入心理學的領域，這一時期恰恰是傳統心理學與各個心理學流派蓬勃發展，兩者並存的時期。在教學中他曾提出：傳統心理學中最大的一個問題就是，暴力地對待我們身體中的動物性能量（或者說自

然能量），認為這些生命的基本經驗是不好的，擔心、挫敗、脆弱是不好的，要找到這些問題形成的原因，並去除掉這些問題。

他經常開玩笑地說，如果你對「他」沒人性，「他」就對你沒人性。

我們可能習慣用無生命的「它」來表達心靈不同的面向，我們認為它是非人性的，沒有自己的情緒，沒有自己的意識，沒有它的價值，更沒有屬於它獨特的貢獻，認為它的來到讓我們感覺到不適、掙扎、不安、恐懼。如果我們把心靈不同的面向看作非人性的存在，那我們對待它的方式，回應它的狀態往往就是非人性的，比如用排斥、驅趕、逃避、壓抑等暴力方式。

為了能夠把我們內在的動物性能量帶到人類的世界裡，賦予其人文的價值，綻放其獨特的貢獻，我們必須把「它」看成人性化的「他／她」。當我們這麼做的時候，就代表了這一股能量，這一個來到我們生命中的存在，有著獨特的情感、價值、智慧和貢獻。所以我們必須聆聽他／她，從他／她那裡得到指引，得到智慧和幫助。

當我們朝向一個更大的目標和願景時，他／她會不請自來。比如，我想在事業上實現更大的目標，馬上就會感受到在這一段冒險的旅途中，我的壓力與害怕——像是害怕失敗、擔心能力不夠，恐懼失敗之後那些蔑視的眼光會讓我丟臉。

不同的心靈面向來到了，也許是恐懼，也許是挫敗，也許是自我懷疑。這時候你如何聆聽「他／她」呢？如何把「他／她」帶到你的創造性中，作為旅途中有貢獻的團隊成員之一呢？

在通往目標的路上，我們就像領導者，而那些感受、體驗等不同的心靈面向，就像我們的團隊成員。一個好的領導者絕不會獨斷專行，認為只有自己是對的。獨斷專行的領導者帶領的團隊必定缺乏創造力，少了許多的可能性。我們需要從其他團隊成員那裡得到建議，彼此之間要無私奉獻，從而組成一個有創造力的團隊，一起來面對挑戰和更大的目標。

有一位智者問他的學生：「如果有一天，你經過一個地方，看到一個小女孩在哭泣，請問你會怎麼做呢？」

學生回答：「我會過去問她，小朋友，妳找不到父母嗎？迷路了嗎？餓了嗎？讓我來協助妳吧！」

智者說：「這是根據你的習慣和頭腦已知的經驗來反應的一種選擇。但是，反應和回應是不同的。所以還有第二種選擇，是在真正的聆聽之後，再回應。打開你的心，去感受和聆聽。你打開你的心，連接她的心，讓她來教導你如何做出下一步的行動。你去感受她、聆聽她，也許你只是需要過去輕輕地拍拍她的肩膀，看著她的眼睛，做一次呼吸，然後再說一些話。說什麼呢？我不知道。然而，放下頭腦的判斷，停止行動模式，在連接中聆聽，便會產生一種自發的行動。這一定會是來自比頭腦更深沉的智慧。」

有一個存在，他／她需要你的聆聽。這是一種充滿尊重的關係，而不是「我大你小」、「我強大你可憐」、「讓我來搞定你」這樣一種暴力對待他／她的關係。

第一位正式提出「內在小孩」（inner child）觀點的心理學家米西迪（W. Hugh Missildine），在多年以後說，他很後悔創造了內在小孩。因為人們往往從字面意義理解內在小孩，由此產生了許多誤解。

「內在小孩」這個名稱很容易讓人認為，他是可憐的，是弱小的，是沒能力的。但他想表達的意思恰恰相反，因為在過往有那麼多困難、那麼多挑戰，曾經年幼的自己使用有限的資源、當時的能力、有限的選擇，幫助我們度過了難關活到現在，他／她是那麼勇敢、有力量、可愛，有著他／她獨特的價值、見解、情感和智慧。

他／她並不弱小，他／她需要你的聆聽，你需要從他／她那裡得到智慧。米西迪認為，我們需要用這樣的態度與內在的這一個存在相連接。

所以在生生不息的催眠中，我們並不會使用「內在小孩」這個名稱，而是說：「在你的內在，有某一個存在，他／她需要你的聆聽，他／她需要你把療癒帶給他／她。」

你跟他／她之間的關係並不是你強大，他／她弱小，只是當時他／她的資源有限，現在你可以把資源帶給他／她，而他／她也有珍貴的禮物要送給你。你們之間可以相互滋養並建立一段成熟的自我關係。

◆現在的你要抱持過去受傷的自我，而不是退化變成受傷的自我

藉由以下的例子，來更好地理解這樣的關係。

我的一位來訪者，因為孩子的教養問題來尋求幫助。她的孩子今年八歲，但學習成績不盡如人意。她說每當看到孩子不認真做功課、拖拖拉拉的時候，就暴跳如雷，拍桌子，扔拖鞋，有時候甚至會撕壞孩子的作業本，每次都一發不可收拾，就像兩個孩子在打架鬥嘴。

但每次情緒失控後，她都無比自責，深深地厭棄那個失控暴怒的自己。

我看著她，問：「在妳小時候，差不多跟妳孩子同樣的年齡時，妳經歷了什麼呢？」

她整個人突然定住了，沉默許久後，眼淚隨之流了下來。原來在她八歲時，父母為了謀求生計，把她送到了親戚家。她時不時就會被鄰居家的孩子欺負，

但是在她的印象裡，從來沒有人可以保護她。

親子關係中斷的創傷，一直存在著。直到她也作為母親，面對跟曾經的自己年齡相仿的孩子時，早期的創傷被啟動，那時候年幼的自己，當時無助、難過的感受，隨之來到她的生命中。

她講述自己的成長經歷後，我回應著：「通過妳的孩子，似乎喚醒了妳成長過程中內在需要被療癒和被愛的部分。每次妳想要創造一段新的親子關係時，『她』就來了……那麼，妳如何連接她，如何聆聽她，如何歡迎她呢？」

她緩緩地把手放在了自己的心口，喃喃地說著：「原來是這樣……」

我目光溫和地注視著她，同時也把手放到我自己的心口，和她做著同樣的動作，說著：「這不是很有趣嗎？」用這句話去好奇、歡迎、觸碰、看見這個長久以來被忽略在過往那一片荒蕪之地的自己。

我接著說：「通常很多負面的體驗並不是外界帶來的，他們只是激發了我們而已。但我們沒有先安撫好自己內在的體驗，卻反過來對眼前的孩子大吼大叫。用這種方式去控制，以為孩子沒問題，外在問題搞定了，我們的內在就好過一些了；當孩子變好了，我們就不會再感到憤怒、焦慮、無力。

「但是現在，妳知道了，也試過很多次，這樣只是讓妳和孩子產生越來越多的問題，關係越來越差，無法享受你們之間的親子關係。所以，是時候回歸到自己內在感覺不被愛的部分，看見受傷的地方，帶著一個成熟的意識和智慧，照顧她，把善意和愛帶給她，接納她。愛受傷的自己，也愛妳自己……」

當你能夠愛自己、療癒自己，當妳能夠接納完整的自己，你可以想像，在這種狀態中，你就不會因為自己受傷，去操控和淹沒你面前這一個獨特的生命，你才會真正看到他／她是誰。

因此，面對你的孩子，喚醒你內在需要被愛和療癒的部分時，如果你能夠把成年人的智慧帶回給自己，一段新的美好的親子關係就會開始。

帶上那個可愛的孩子，也連接上成年的成熟資源

某些負面經歷，在過去資源有限、認知有限的自己身上發生了，我們或許沒有太多的力量去改變。然而，當我們日漸成熟以後，可以改變自己回應這段經歷的方式，重新賦予這些經歷不同的意義。正是在這樣的過程裡，決定了我們的生命軌跡。

面對現在生命中的關係，你要創造美好的未來，並不只是被過去的經歷所影響，更取決於成熟的你如何連接、敞開、回應、聆聽、抱持，賦予其正向的價值和意義。

謝謝過去脆弱、受傷、挫敗、無助的自己，為今天的你做出了貢獻，讓你學會了保護、勇敢、堅強、努力、上進。這樣一來，過往的問題與創傷，就會成為你生命旅途中的豐盛資源。

當曾經受傷的自我再次拜訪你時，不是讓自己退化，變成一個受傷的孩子。若是讓一個孩子駕馭你的生命，他還沒有足夠成熟，無法創造你想要的現實。就像開車時，

成人的你有足夠的成熟度、技巧與智慧駕駛一輛車，但如果你把駕駛座讓給一個八歲的小孩，他／她顯然無法駕駛，甚至會引發危險的事故。

因此，當他／她到來時，你可以做的一件很棒的事情就是歡迎他／她，給他／她一個位置與空間，謝謝他／她在這裡等待你這麼久。然後你繼續掌握著方向盤，開往你想要去的方向。現在，帶上那個可愛的小孩，連接上成年的成熟資源，讓我們一起重新踏入一段新的旅途。

第四句神奇咒語：歡迎，歡迎……

帶著善意，把不同的自我帶到生命的整體之中

我們來到最後一句療癒的咒語——「歡迎，歡迎……」，學習如何帶著善意把不同的自我帶到生命的整體之中。

我永遠記得我上初中的第一天。那時候，如果有一輛自行車能騎著上學，就是一個大男孩的象徵。可是，因為我長得矮小，無法騎家裡唯一的一輛二十八寸、比我高出半個頭的永久牌大自行車。放學的路上，看著其他同學從我身邊呼嘯而過，我的心裡很不是滋味。

但是，當我推開家門，那一刻的畫面讓我終生難忘——爸爸站在屋子中央，張開懷抱，露出燦爛的笑容對著我說：「歡迎我們家的初中生……歡迎，歡迎。」沒有自行車騎的挫敗感、破碎的身分感、長大的大男孩、爸爸成熟的愛，不同的面向，在家庭的場域中被歡迎，被友善地觸碰。這一幕讓我熱淚盈眶的同時又面露微笑。我感受到了我的存在，以及在這個世間的價值。

每一個人都通過潛意識和意識兩個層面建構現實：

- 潛意識：擁有無限的可能形式和意義。
- 意識：從所有潛在可能性中創造具體現實的形式和新的意義。

不幸的是，人們很容易困在意識的僵化現實中，築起一道與無限性、可能性的潛意識隔離的牆。脆弱、傷痛、悲傷，這些自然的生命體驗本來沒有好壞之分，但是人類意識正向或負向的回應方式，決定了我們擁有的是正向體驗還是負面體驗。如果我們用抗拒、冷漠、排斥等非人性的方式對待這些自然的生命體驗，就會讓我們陷入一種負面的催眠。而「歡迎」是一種正向觸碰和正向回應自然的生命體驗方式。

作為父母，假如你的孩子對你說：「爸爸媽媽，我嘗試過很多次了，可是我的成績總是不夠好，感覺好挫敗。」你會怎樣回應呢？

我想其中非常重要的一點是：我們需要在內在打開一個空間，同時抱持著兩者，像是：「孩子，我看到你做出了很多努力；孩子，我也感受到了你的挫敗。」

我們需要平等地對待兩者，說：「我歡迎你的努力，也歡迎你在生命的道路上感受到挫敗。這兩者我都感受到了，我還感受到了更多……歡迎，歡迎，歡迎……」

我們敞開心胸，在內在同時抱持這兩者，這時候我們的存在、我們的狀態，往往就會幫助孩子從分裂回歸完整。

◆通過體驗完整的自我，編織新的自我，創造新的地圖

那麼，具體要如何在生活中運用「歡迎，歡迎……」這句咒語呢？

我們會發現，大多數時候人們並不是根據實際情況進入生活，而是根據自己的身分地圖進入生活。

身分地圖由我們創造和維持身分的幾個核心部分組成：

- 意圖：我們在生命中最想創造的是什麼。
- 問題：我們遇到哪些障礙。
- 負面體驗：在通往意圖的道路上，我們感受到的負面體驗是什麼。
- 資源：當我們連接到什麼時，就會感覺被支持、被祝福。

這些不同的心靈面向，組成了我們的身分地圖。通過身分地圖，我們認識自己，並對世界做出回應。

在一生中，隨著現實、生活不停地變化，我們的身分地圖也會一再地瓦解、更新，尤其是在面臨重要的挑戰和轉捩點的時候。比如親密關係逐漸疏離、脫離原生家庭、開始一段新的婚姻、孩子開始尋找獨立的自我、事業上的一次突破、突如其來的疾病……這時候，我們往往會體驗到過去的身分地圖已不再適用，而新的身分地圖又尚未建構出來，從而陷入混亂。

在這樣的時刻，我們能否作為身分地圖的觀察者——不成為身分地圖本身，但又抱持著身分地圖的每一個面向，歡迎、連接——決定了我們能否創造新的身分，建構新的現實和生活。

如果不作為身分地圖的觀察者，我們很容易對局限的、老舊的身分地圖過分認同，陷入僵化的身分認同，在同一個地方打轉，重複著舊有的模式。

一位來訪者因為婚姻的挑戰來找我諮商。他對我說，自己經歷了一段失敗的婚姻，現在又遇上了愛的人，但當他決定要和對方成立新的家庭時，內心卻變得忐忑不安，害怕和恐懼不停襲來。

「我很好奇，現在於你的生命中，你最想創造的是什麼？」我目光柔和地看著他，輕輕地問道。他的嘴角露出一絲微笑，然後說：「我想擁有一段親密的關係。」

我打開我的心，感受著這個對他而言非常重要的意圖，在內心給予這個意

圖一個位置，然後繼續問道：「那麼，是什麼阻礙了你擁有一段親密的關係呢？」

他的目光變得稍稍黯淡，避開和我的眼神接觸，看著地面的某個地方，似乎陷入回憶，過了一會兒，才回答說：「我害怕重複第一次婚姻的失敗，內心有很多不信任和恐懼。」「害怕，不信任，恐懼。」我默念著，讓每一個存在流經我的心，同樣，在心裡給予這些問題一個重要的位置，「歡迎，歡迎……」

我們在這個連接的空間中，輕柔又平等地對待每一個不同的部分，通過「歡迎，歡迎……」人性化地抱持著每一個存在，然後把其他的不同面向歸納進來。

我讓他連接生命中的資源，他的女兒、奶奶等，在充滿資源的體驗中呼吸，「歡迎，歡迎……」帶著資源的體驗，接著向其他負面部分繼續打開：離婚的痛苦記憶，內在批評的聲音，對財務損失的擔心等等。

無論什麼來到我們之間，都可以通過「歡迎，歡迎……」賦予其人性的價值和圓融的意義。

對於一個整體的系統而言，創造力和成長是整體的特性，而不是部分的特性。

在生命的創造性旅途中，我們設定任何一個目標，比如「我想在關係中體驗更多的親密」，不安全感和恐懼就會來到；比如「我想建立一份更大的事業」，害怕和擔心就會來到。不安全感、恐懼和擔心等，都是身分地圖中不可或缺的團隊成員。

在生生不息催眠中，我們要做的事情就是：創造一個比受傷更大的空間，在這個空間裡，我們能夠邀請不同的心靈部分回歸到一個整體之中；我們帶著人性的臨在，歡迎每一個身分面向，包含意圖、問題、負面體驗、資源……讓其成為我們的同盟，並調頻一致，讓這些不同的創造性元素彼此貢獻、互補、共鳴。

通過體驗完整的自我，編織一個新的自我，創造一幅新的地圖。新的地圖，可以幫助你去到新的目的地。新的身分，可以幫助你創造新的現實。

◆我們越向傷痛打開，受苦將會越少

意識整合大師肯恩・威爾伯（Ken Wilber）曾提到過一個成長的悖論：我們越向傷痛打開，心越打開，當我們的意識越擴展的時候，便會感受到許多真實的傷痛，包含自我的、家庭的、父母的、文化的、歷史的、世界的，如果繼續向傷痛打開，奇怪的一件事情將會發生——傷痛越來越多，但受苦卻越來越少了。

我們不逃避苦，不抗拒苦，我們面對苦，並學會如何歡迎苦，以及各種不同的體驗時，雖然痛還在，但我們不再受苦。

不管怎樣，我們一定會體驗苦，但可以化苦為甜，就像把酸苦的檸檬榨成汁，加水加糖，變成甘甜的檸檬汁一樣。所以，讓我們說：「歡迎，歡迎⋯⋯」

我們可以歡迎生命中每一種不同的體驗，帶著好奇、善意與它們相遇，在變化的世界裡跳舞唱歌，這樣我們每天或許都可以開懷大笑。

練習　站在自己門前歡迎自己

榮格說，每個人都有兩個人生，第一個人生屬於他人，第二個人生屬於自己。

在第一個人生中，我們離開身體中心，把自己交出去，活在別人的看法裡、別人的定義裡、別人的價值觀裡，活在他人的思想裡——人們怎麼看我？他們怎麼想我？我做得好不好？他們喜不喜歡我？

童年時，我們必須仰賴他人的祝福、看見和照顧，才能夠存活在這個世界上。我們還不成熟，不瞭解自己的想法，也無法真正說出自己的真相。

在第一個人生中，我們真的是帶著別人的催眠，過別人的人生。

在中年的某個時候，我們將面臨著這樣的挑戰：我要找到自己的聲音，聆聽內心，活出一段屬於自己的人生，不然我們的生命無法真正綻放在這個世界上。

我們需要把那些曾經為了其他人，被我們自己驅趕出去的每一個不同的自我，重新帶回給自己，回歸到我們內在的完整之中。站在門前，歡迎自己的回歸，傾聽內在每一個細小的聲音。

如果有一個存在，不停地引起你的共鳴，而你也慢慢地向這個世界打開「他／她」，那麼你每天都會朝向自我實現邁進，真正成為自己，展開第二段屬於你的人生。用你內心的聲音來生活，讓它們告訴你存在的真相，結果將是平靜和廣闊的。

接下來，讓我們一起做一個練習，站在自己的門前，歡迎自己的回歸。

找一個安靜的地方，讓自己站起來，站在地板上，感覺到你的雙腳，穩穩地站在大地上。你像一棵大樹，穩穩地根紮大地。你的身體就像樹幹，朝向天空，你的頭頂頂輪向天空打開，你屹立在天地之間，挺拔地向著天空生長。

在天和地之間，連接大地，頭頂連接著天空，而你的心是打開的，去感覺這一種垂直的管道被打開，做一次呼吸，深深地吸進來，讓氣流經過你的雙腿、胯部、脊椎……連接天空，讓你的頂輪向天空打開，打開，再打開……連接寬廣無垠的天空，讓你的意識擴展，無邊無際，觸碰到天空純淨的光，純淨的能量，在天空待一會兒，感受純淨的光。

做一次呼吸，吸進來，當你呼氣的時候，感受天空純淨的光和能量。淨化你的身體，從上往下，從你的頭頂頂輪、臉部、肩膀、身體、胯部、雙腿、腳底……流向大地，淨化每一個細胞，從上往下，經過你身體的每一個地方。放鬆、放下、流向大地，放下，放下……沒有什麼事情是現在需要努力的，讓你的雙腳根紮大地，大地總是給我們很多包容與支持，無論我們經歷過多少次磨難挑戰，大地就在那裡……

再一次，我邀請你感受和大地的連接，深深地做一次呼吸，從你的雙腳提升你的氣，來到胯部、脊椎、頭頂頂輪……再一次向天空宇宙打開，打開，再打開……在天空中呼吸著，感覺到無邊無際，讓你的意識擴展自由，連接天空純淨的光，深深地做一次呼吸。

再一次，當你呼氣的時候，把純淨的光從上往下……從你的頂輪帶到你的臉部，放鬆。經過你的肩膀，放鬆。去感受純淨天空的能量、光……淨化你身體的每一個細胞，淨化你所有的疲憊。讓這些淨化的能量從上往下，經過你的胯部，放鬆你的雙腿，放鬆你的雙腳，淨化你身體的每一個角落。每一個地方你的身體既是物理的身體，也是能量的，去感受你的身體，每一個細胞都散發著光……呼吸著，體驗著，發著金光的身體，屹立在天和地之間。

我邀請你，慢慢把你的雙手向你身體之外的空間打開，讓你的掌心向上，雙手伸入到世界之中，向你身邊的空間打開……去好奇在你的第一段生命中，你曾經為了其他人而忘記了自己。在你的身體之外，有很多流浪的自己，曾經為了其他人，你把「他們」都交了出去，他們流浪在這個星球的每一個不同的角落，而他們都是你曾經遺忘的自己。

現在，我邀請你把你的心大大地打開，用你的雙手，帶著愛，帶著善意，帶著慈悲，輕柔地把他們帶回到現在的生命中。慢慢地把他們帶進來，帶著你的呼吸，帶著你的微笑與善意，用你的雙手把他們帶過來，慢慢地……觸碰到你的臉。

當你的雙手觸碰到你的臉時，我邀請你深深地做一次呼吸，吸進來，然後對自己說：「歡迎你的回歸。現在我站在自己的門前，歡迎你的回歸，現在我看見你了，現在我感受到你了……」

我邀請你做一次深呼吸之後，繼續對自己說：「現在我接納你，我愛你。」

做一次深深的呼吸，感受到「他們」重新回歸到你的生命中，回歸到你內在的完整自我之中。從這個地方，做一次呼吸，靜靜地待一會兒。

你再一次呼吸，繼續閉上眼睛，再一次用你的雙手，慢慢地、輕柔地向你身體之外的空間打開，就像擁抱某一個你心愛的人一樣，讓你的雙手向你身體之外的空間大大地打開……再一次進入這個世界，去感受、去覺察一下，還有哪些被遺忘的自己，看一看：你曾經為了其他人戴了那麼多的面具，忘記了你自己；你曾經為了其他人扮演那麼多不同的角色。

現在，讓這些角色面具剝落吧。讓你的心大大打開，用你的雙手把每一個真實的自己，輕柔地、慢慢地帶回來。你歡迎所有不同的面向，從你的心深深地做一次呼吸，把每一個不同的自己深深地吸進來……回歸到你身體這個非常重要的中心，並對他們說：「現在我站在自己門前，歡迎你們的回歸……」

做一次呼吸，深深地擁抱每一個不同的自己，連接著你身體的中心與你的心，做一次呼吸，對他們說：「現在，我看到你們了；我感覺到你們了；我完全地接納你們；我把所有成熟的愛帶到你們那裡，我愛你們。」

深深地把這些愛的呼吸，帶到你雙手觸碰的這個地方，你的心，歡迎每一個不同的自己回歸，回歸到內在完整的自我之中。

再一次，把呼吸帶到你的心，再一次去感受你內在的完整。然後我邀請你，再一次跟你身體的中心說：「我看到你了，我感受到你了，我接納你……你不需要改變，你就這樣，我就可以愛你……」

把深呼吸帶到那個地方，繼續跟他們說：「我愛你們本來的面貌，你們不需要改變，你們就這樣，我就可以愛你們。你們就這樣，就可以和我一起享用人生的盛宴……」把愛的話語和所有的慈悲善意帶給他們。

你曾經為了其他人，為了別人的看法，為了討好其他人，忽略了自己……現在，不是很棒嗎？在成熟的年齡，你把那些曾經被忽略的自己帶回來，回歸到你生命的旅途中，帶到你完整的自我之中。

你逐步把更深的連接帶給自己，這是你為自己，為身邊的人，為這個世界做的最美好的一件事。

我真的很感激，能夠進入你的生命深處，與你做這麼深的連接，這也是我生命中最美好的一件事。

如果你每一天都這樣練習，歡迎你自己，愛你自己，連接你自己，帶著善意、微笑、慈悲和成熟的愛，讓你生命中的每一個不同的面向，每一個不同的自我，回歸到完整的狀態，那麼就會像詩人葉慈所說：當我愛我自己，當我和自己在一起時，無論詩從哪裡開始，都是以愛結束。

祝福你每天沐浴在愛之中。

第五章

旅程，踏上成為自己的英雄之旅

光明與陰暗，
敞開與保護，
綻放與安全。

要活出豐滿的人生，
恰恰需要掌握並調整好
這光與影的平衡。

同時體驗光明與陰暗，
抱持「綻放天賦」與「療癒創傷」，
是一段自我實現的旅程。

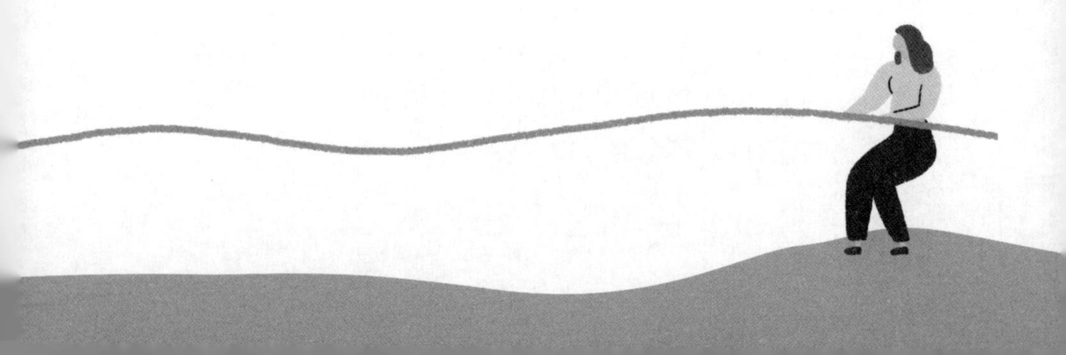

無論在我的道路上發生什麼，我會繼續前進。
有一天，你終於知道，你必須得做什麼，
而且，你開始了。

儘管周圍的聲音不斷地吼叫著，他們糟糕的建議。
整個房子開始顫抖，當你感覺到腳踝上，
那個古老的鎖鏈。
彌補我的生命，彌補我的生命，
每一個聲音都在哭喊！

但是你沒有停下來，你知道必須得做什麼。
儘管風，用它堅硬的手指戳著你！
儘管那音律非常可怕！已經很晚了。
路上掉滿了墜落的枝枒和石頭。
當你把它們的聲音留在身後，
星星開始閃耀，穿越層層的雲朵。

有個新的聲音，你開始認出來，它是你自己的！
當你越來越大步地邁入這個世界時，它陪伴著你。
決定去做，你唯一能做的那件事。
決定去拯救，你唯一能拯救的那段生命。
這段旅程。

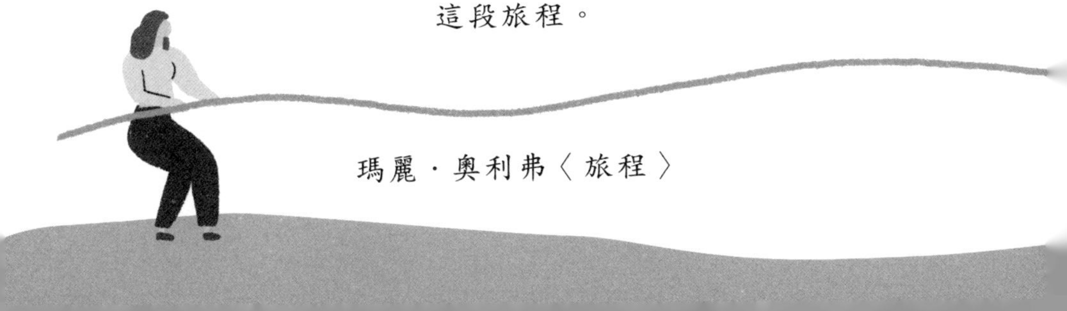

瑪麗·奧利弗〈旅程〉

三個帶來覺醒的提問

詩人梭羅（Henry David Thoreau）曾寫下這樣的詩句：

我步入叢林，因為我希望生活得有意義，
我希望活得深刻，並汲取生命中所有的精華，
然後從中學習，以免讓我在生命終結時，
卻發現自己從來沒有活過。

存在主義治療大師歐文・亞隆在一次講課中也曾說道：

有一個幾乎像是死亡的公式，
當人們對自己的一生有越多的遺憾，
當人們在這一生中並沒有完成自己的召喚時，
那麼在他們面對死亡的時候，
就會有越嚴重的焦慮。

然而很多時候，人們的生命狀態卻像一邊踩著車的油門、一邊踩著剎車——卡在拉扯與內耗之中，總是無法活出自己最想要的生命狀態。而活出生命的召喚，更像一種遙遠而不現實的幻想。

如何聆聽我們的生命召喚？
如何在每一天的生活中活出我們的生命召喚？
如何活出一段沒有遺憾的英雄之旅？
我將分享禪宗的三個提問，拂拭日常的擔憂，深刻地思索我們的存在本身，思索意識與周圍空間之間的關係，為生命旅程帶來更多的覺察。請你一邊閱讀，一邊跟隨著我的引導，在心中默念你的回答，或是寫下你對每個問題的答案。

◆假如沒有任何問題的拉扯，你會活出怎樣的人生呢？

某天和一個朋友聊天，他說到最近面臨的挑戰和危機。他訴說著自己的焦慮、失眠、苦惱，感覺身心俱疲，人生彷彿失去了方向。

我靜靜地聽完，然後問了他一個問題：「想像一下，假如沒有任何問題的拉扯，你會活出怎樣的人生呢？」他愣了一下，因為從來沒有想像過原來人生可以沒有任何拉扯。

「等到有一天，我解決了所有問題，我就可以活出自己想要的人生了」，這或許也是很多人頭腦裡的慣性思維。要活出生命的可能性，就是去除那些拉扯著自己的問題，像是：

- 等到有一天，財富自由了，我就可以過上想要的生活。
- 等到有一天，我做了自己夢寐以求的工作，我就可以自在快樂了。
- 等到有一天，我找到對的人，就不再孤單了。
- 等到有一天，我變得更加優秀，就可以勇敢追求更高的目標了。
- 等到有一天，變得足夠強大，我就可以選擇自己想要的人生。

頭腦中總有一種慣性的幻想，認為我們生命最主要的努力就是消除這些「不夠好」、「不夠完美」的東西，去掉這些拉扯我們前進的問題，那樣一切就會變好了。

如果對慣性的反應沒有覺察，或許我們大部分的注意力只是為了解決問題，在問題中打轉，而忘記真正想要去的地方在哪裡。因此，你現在不妨花些時間去體驗，假如沒有任何問題的拉扯，你會活出怎樣的人生呢？安頓下來，做幾次呼吸，打開心，反覆地默念：「假如沒有任何問題的拉扯，我會活出怎樣的人生呢？」如果有答案冒出來，就寫下來。然後繼續默念，直至找到讓你有身心共鳴的答案。

◆這些拉扯是誰創造的？

同樣，花些時間默念這個提問：「這些拉扯是誰創造的？」然後，寫下你的答案。

我們生活在兩個世界中：內在世界和外在世界。

我們面臨的挑戰和問題也同時分為內在問題和外在問題。

金錢匱乏、沒有做自己喜歡的工作、沒有一段好的親密關係，這些是外在問題。

我不夠好、我不夠優秀、我總是搞砸，這些則是內在問題。

當區分出外在問題和內在問題之後，下一個關鍵則是：假如外在的問題與挑戰是真的，那麼內在的問題又是誰創造的呢？

有一次，我和來訪者會面，我發現他的個案調查表上面寫著：

・我是一個自卑的人。
・我是一個軟弱的人。
・我是一個焦慮的人。

我感覺了一下，然後看著他說：「你能不能幫助我，在這三句話後面把另外一部分也填寫完整呢？寫下『同時我也是一個……的人』。」

他花了一些時間，把三句話後面的部分補上了。我讓他念給我聽：

・我是一個自卑的人，同時我也是一個自信的人。
・我是一個軟弱的人，同時我也是一個堅強的人。
・我是一個焦慮的人，同時我也是一個平靜的人。

我深深地呼吸，感受著一個更完整的他，然後對他說：「你是一個自卑的人，也是一個自信的人；你是一個軟弱的人，也是一個堅強的人；你是一個焦慮的人，也是一個平靜的人。這些我都看到了，我看到了完整的你。」

他深深地呼吸，我知道這是內在和解與整合的呼吸。他整個人變得溫柔又堅定，脆弱又有力量，眼淚從他眼眶裡慢慢流下來。

我們靜靜地待了一會兒，我問他：「你第一次填寫這張表時，是如何建構關於你是誰的身分認同呢？」他想了一下對我說：「從小我爸媽就這樣說我，你怎麼這麼沒自信，這麼自卑，你看你每天都緊張兮兮的……」

不難看見，從小在父母的負面催眠之下，他為自己建構了「我是自卑的」、「我是軟弱的」、「我是焦慮的」這樣的身分認同。於是，當他朝向一段新的創造性旅程，告訴自己「在我的生命中，我想創造自信、力量、平靜」的時候，內在不同的心靈部分就被啟動了，包含自卑、軟弱、焦慮也一起加入這段旅程。

如果我們和心靈的不同部分之間的關係是對抗的、排斥的、不接納的，我們就會受困於無盡的自我詆毀中，遠離人性的完整，為生命製造許多內在拉扯。

相反地，如果我們和心靈的不同部分之間的關係是和諧的、尊重的、互補的、同盟共振的，我們就會創造一種高品質的身分狀態。

外在世界中，每一個人都不可避免地面對著許多挑戰，與各種不請自來的問題

——不管是工作上的、關係上的、金錢上的、健康上的。問題永遠在前面等著我們，只不過是變換著包裝而已。就算是這樣，好消息是：內在狀態是我們可以創造的，我們可以用另外一種狀態進入問題。不妨覺察一下：

- 你有哪些內在問題在拉扯呢？
- 你是如何為自己創造這些內在問題的？
- 你是如何為自己創造這種崩潰的狀態，並緊緊地鎖上問題的？

是他人對你的評判，是你過往的某些經歷？

在什麼時候，在什麼情境之下，你為自己建構了這樣的身分認同、信念、價值觀？

既然是你建構了你的內在世界，為了你想要的美好的人生，何不重新建構它呢？

◆誰在回應這些問題的拉扯，用什麼態度？

現在，我們來看第三個提問：誰在回應這些問題的拉扯，用什麼態度？

安頓下來，深深地呼吸，慢慢默念：「誰在回應這些問題的拉扯，用什麼態度？」讓答案浮現，並寫下來。多數人可能很快就會覺察到：是我在回應這些問題，回應的態度是有敵意的、抗拒的、排斥的。

那你呢？回應我們不同心靈面向的方式，就像意識整合大師威爾伯所說的：無論怎樣，也許這些不同的心靈面向是恐懼、不安、無助、脆弱、挫敗，而有效的支援和回應的方式不是抗拒或擊敗，而是包容和超越。

- 「我是恐懼的，我也是有勇氣的，我是兩者，同時我還是其他的。」
- 「我是不安的，我也是平靜的，我是兩者，同時我還是其他的。」
- 「我是挫敗的，我也是有力量的，我是兩者，同時我還是其他的。」

他／她仍在，只是加入了人性的存在和理性的愛，也正因這樣，喚醒了他／她人性的價值。那麼，這個存在來到你的生命，如何幫助你活出更美好的人生呢？

如果你向他／她打開，邀請他／她進到你生命的整體自我之中，讓他／她成為你創造性旅程的一分子，那麼他／她一定會為你帶來獨特的貢獻。他／她來到你生命中的目的就是給你更多的支持，幫助你活出更完滿和更完整的人生。

如果你和問題之間的關係不再拉扯，而是將他／她歸納進來，成為你生命旅程中一個重要的部分；不再隔離、排斥、麻木、戰鬥，而是將他／她帶到你的生命中，那麼你將為自己的生命創造更多的空間、更多的流動。

現在，請你回顧自己對於這三個問題的回答。我想，你對於自己存在於這個世界的生命狀態與體驗，一定有了更多的洞察和深思。坎貝爾曾說：「人們常常問生命的意義是什麼，其實他們問的是，生命的深刻體驗是什麼。」

活出生命的深刻體驗，關鍵的第一步在於，如何應用你已經擁有的身心智慧，深入生活中體驗。這也是歐文・亞隆所說的「捲入」到生活的河流之中；也如同佛陀的教導——生命的意義這個問題不能用教導的，一個人必須把自己完全「沉浸」在生活的河流之中，這樣，問題就不會存在了。

願你帶著這樣的沉浸與捲入，成為生命的創造者，而非生命的過路人。

清晨的微風有祕密要訴說

人生前半段，我們不可避免地活在他人的催眠中。我們繼續更進一步探索，如何聆聽內在的聲音，如何聆聽自己內心的召喚。魯米的詩〈不要回去睡了〉，給我們帶來了很好的啟發：

清晨的微風有祕密要告訴你，不要回去睡了，
你必須開口要求你真心想要的，不要回去睡了，
一整晚，人們來回地穿梭，穿過分水嶺，

那是兩個世界的交匯口，
那扇門又大又圓，門已經大大敞開，
不要回去睡了，不要回去睡了。

催眠，不是讓你睡過去，而是幫助你從更深的地方醒來。

但是時至今日，人們談起催眠的時候，依然會有著許多誤解，比方說：

- 你不要催眠我，我害怕被控制。
- 是不是拿個懷錶在人的眼前擺一擺，就可以催眠對方了。
- 我昨晚睡得很不好呀，快給我來一段催眠，好讓我睡得安穩。

事實上，催眠作為意識與潛意識之間的溝通工具，已經歷經三個階段性的發展。

第一代傳統催眠有著四個基本的前提假設：

❶ 來訪者的意識和潛意識都有問題，催眠師需要「打暈」來訪者的意識，進入潛意識開展治療。

❷症狀和問題的產生是因為潛意識有問題。

❸潛意識創造了問題，所以需要通過催眠為來訪者的潛意識重新設計。（這就是人們害怕被催眠的原因，因為會失掉意識，被另一個人的意識操控。）

❹諮商師比來訪者更有優越感：你有問題，我沒有問題，我來幫你解決。（這是從外面進入來訪者內在的催眠，控制並否定來訪者本身已經具備的資源。）

這聽起來，是不是有點熟悉呢？很多父母或權威者就像第一代傳統催眠師——我是對的，你是錯的；你有問題，讓我來糾正你，讓我來教導你。

在這樣的催眠中，我們很難找到自己的聲音。而這也是很多人抗拒催眠的原因，畢竟，沒有人願意讓另一個人完全操控自己的生命。

直到艾瑞克森把催眠運用在個人成長和醫學領域中，催眠終於獲得了突破性的發展。艾瑞克森對催眠的重新定義和應用極具開創性，他被譽為現代催眠之父，在心理治療領域中他就像是《星際大戰》中的尤達大師一樣的存在。

他發展出來的催眠技巧很大一部分要歸功於個人的生命旅程。生活給了他許多艱難的挑戰——他是音盲，聽不到音調的變化；有閱讀障礙；他還是色盲，只能看到紫色；脊髓灰質炎甚至造成他在十七歲的時候就嚴重癱瘓。然而，他以勇敢、好奇、充滿創造力的方式面對每一個挑戰，並協助他的來訪者們也這麼做。

在艾瑞克森催眠治療的工作中，其中一個重要的前提假設就是：**潛意識是潛能無限的學習寶庫，但是意識阻礙了人們進入潛意識展開探索**。因此，第二代催眠藉由繞過意識的干擾，讓潛意識的光輝得以閃耀。

艾瑞克森認為症狀或問題產生的原因，是人的意識失去了創造力，在意識固化的框架中找不到新的解決方案。要找到新的可能性，就必須到潛意識的寶庫去尋找。因此在催眠中需要繞過意識，把潛意識的無限可能性帶到意識的世界。

毫無疑問，艾瑞克森是一位無與倫比的催眠大師。他的很多來訪者、學生都見證了他的催眠療效，不少人更是感嘆，即使在生命中遇到再大的難題，只要聽到艾瑞克森的聲音，他們就找到了資源，跨越了難題。

作為艾瑞克森最傑出的學生之一，吉利根博士分享說：他也是這樣的體驗，只要遇到問題，進入艾瑞克森的催眠，他就連接到了超越問題以外的資源。

但是有一次，艾瑞克森的聲音對他失效了，那是在他三十七歲的時候。吉利根博士分享了他當時的故事。

在三十七歲之前，我一切都感覺良好，做著自己喜歡的工作，事業發展順利，有一個很棒的家庭。一直到三十七歲那年，我的爸爸因為心臟病發，沒有任何預兆地去世了。而與此同時，在爸爸過世後不到一個月的時間，我的女兒出生了。短短的一個月裡，我真真切切地經歷了生命的離開與新生。

在那之前，無論遇到什麼問題和挑戰，只要進入自我催眠，連接上我的老師艾瑞克森，在催眠中就會感覺到老師的支持和力量，在內心總會響起慈祥的聲音——我看到你，我相信你，你可以做到。然後，一切問題往往就能迎刃而解。但是那時，我站在人生的重大轉捩點上，再一次嘗試進入催眠和艾瑞克森連接，希望能夠以此跨越這一次的挑戰，可是最終並不奏效。

以前曾經行得通的方式，現在可能無法奏效。舊的身分感破裂，新的身分感尚未形成之際，人們往往就會陷入混亂，但這也是成長和轉化，聆聽內心深處召喚的最好時刻。也正是在人生旅程中的這個階段，吉利根老師逐漸發展出了生生不息催眠。

◆人生後半段，你可以練習成爲自己的催眠大師

我們認為，每一個人都可以成為自己的催眠大師，每一個人，都可以聆聽內心的聲音，活出獨特的生命旅程（這是由內而外的催眠）。

三代催眠的發展，也預示著如何聆聽內在的聲音、聆聽內在召喚的歷程。第一階段，我們聆聽他人的聲音，仰賴他人的支持以獲得認同、看見和成長，我們活在他人的催眠中。第二階段，我們被內在某種聲音啟動，讓原本單獨的自己感受到超越，並連接上更大的智慧自我。到了第三階段，則是需要每天練習成為自己的催眠大師。

這也是我想送給你的一份禮物，你或許感受到了療癒、連接、成長。最終，你經

由不斷地練習聆聽自己的聲音，也終將成為自己的催眠大師。

聆聽自己的聲音，找到生命的召喚，不是一蹴而就的事情。就像卓越的表演藝術家，通過經年累月的練習，一次一次地接近最佳的狀態。

讓我們把人生當成一場表演的藝術吧！為了成為自己生命的表演藝術家，我們需要每天持續練習，以下分享三個方法：

❶ 設定一個正向意圖

試著為自己設想一個正向的動機與意圖。

比如，「在我的生命中，我最想創造的生命體驗是安寧、放鬆、篤定。」

❷ 發展有共鳴的正向意圖的身體姿勢

做一次呼吸，放鬆身體，重複你的正向意圖：「在我的生命中，我最想創造的生命體驗是安寧、放鬆、篤定。」

進入這個未來的畫面中，感受到安寧、放鬆、篤定，並好奇這個正向意圖在身體哪個地方最容易感受到共鳴。也許在心的位置，也許在丹田的位置……從感受到共鳴的地方做一次呼吸。

從這個共鳴中，邀請你的身體智慧幫助你找到一個表達正向意圖的身體動作——安寧、放鬆、篤定的身體動作，並在這個動作中做一次呼吸，在這個動作中靜靜地待一會兒。

❸行走在時間線上（進入每一天、進入世界）

在一個有足夠空間可以移動的地方，深呼吸，站立著，讓自己安頓下來……放鬆，並且打開你的心。

從你現在所在的地方，由此刻延伸到未來，這條時間線跨度也許是三個月，也許是半年，也許是更長的時間，你可以根據自己的直覺設定不同長度的時間線。

我們會帶著頭腦意識的覺察、潛意識的智慧、身體的感受，三者合一，踏入時間線。每邁出一步就代表一段時間的推移，進入每一天、進入世界，默念著：「在我的生命中，我最想創造的生命體驗是安寧、放鬆、篤定。」

做出表達意圖的身體動作，感受著這個意圖的畫面：安寧、放鬆、篤定。慢慢地行走在時間線上，行走在生命的道路上。你去好奇如何能夠為自己創造更多的安寧、放鬆、篤定，進入每一天、每一個月，經過春夏秋冬，想像一個美好的未來，包含安寧、放鬆、篤定的未來畫面。

你看到未來的改變，在這一種新的體驗中靜靜地待一會兒，並許下你可以許下的承諾。然後再次呼吸，跟你內在的智慧說謝謝。當你說過謝謝之後，再做一次呼吸，並慢慢地睜開眼睛。

我們的前半段人生，活在他人的催眠裡，後半段的人生，我們要做自己的催眠大師。年幼的時候，我們沒有力量，需要從他人的眼光中確認自己是誰，活在他人的看法裡、迎合別人的需要，卻忘記了自己的力量。

現在，我們長大了，擁有了能力和資源聆聽自己的聲音，並活出我們的生命召喚，踏上一段自我創造的旅程。通過催眠這種連接，幫助我們把內在最美的部分帶到這個世界上。

你，就是你所練習的。

經由這樣的練習，每一個人都可以成為自己的催眠大師，重新塑造神經系統的彈性。你可以把古老的負面催眠轉化為正向催眠，創造美好的、健康的、成功的生活。

對光明的恐懼

對光明的恐懼，這是一個隱藏的「限制性信念」，人們往往很難覺察到它。

許多人自然地認為，每個人當然都渴望發光發熱，活出最閃耀的自己。然而，在現實生活中卻不是如此，我們經常停留在舒適區中，為自己設限，害怕冒險，做著安全的事情。

想要突破舒適區，不斷超越自我，我們需要覺察這樣一個隱藏在我們內心某個角落的限制性信念——對光明的恐懼。然而，是什麼讓我們產生這樣的恐懼呢？

在非洲有一個叫多哥（Togo）的部落，部落裡的人們都深信，每一個新生兒都是獨特的存在，他們帶著靈性而來，有著獨特的天賦、使命，要在這個世界綻放，為自己、為他人做出貢獻。

當一個嬰兒出生的時候，為了榮耀這個生命，他們會把新生兒帶到一個神聖的場域。部落裡、家族裡的人圍成一個圈，把嬰兒放在中間，呼吸，靜默……抱持著這一個獨特的存在，等待第一個音符從這個團體中某一個人那裡冒出來，然後流動，下一個音符接著升起。漸漸地，屬於這個嬰兒的生命之歌就被創造出來了。

這首獨特的生命之歌在他的生命中只會被唱誦幾次——出生時、面臨重大挑戰時、離開人世時。

在遇到重大的生命挑戰時，用這樣的方式喚醒一個人，可以在人世間連接靈性的召喚，並活出自我實現的旅程。但問題是，當一個人帶著靈性來到這個世界時，如果遭遇到人類臨在的負面回應、負面對待，那麼靈性就會關閉。我們便會和內在真正的力量失去連接，而活在他人的負面催眠裡。

在生生不息催眠裡，我們有這樣的一個公式：

靈性＋負面的回應＝負面催眠

靈性＋人性化的回應＝生生不息催眠

想像一個天真的孩子，他在家庭的場域中綻放著自己的天賦、流動著天然的生命能量，但是家庭、父母回應他的方式未必是正向的。

我還記得我小時候非常頑皮、幽默，總愛開玩笑。當大人們聊天時，我在旁邊聽著，突然會說出幾句話，逗得大家哄堂大笑，每個人都變得很開心，綻放著笑容。人與之間的能量也會流動起來，有時候他們的回應就像在說：這是一個可愛的、天真又聰明的孩子，有幽默感。那種感覺就像我給嚴肅刻板的世界帶來了流動和新的體驗。但是有些時候，我的父母會說：「大人在說話，小孩子插什麼嘴？」

然後，挫敗感伴隨著的想法就是：我不應該這樣，我不該把我的想法、感受、靈感、內在的火花帶到世界上。我不能說話，只能聽，這時說話就不是一個好孩子。

◆
◇
◆

在多年以後和朋友的一次聚會中，一起長大但多年未見的朋友對我說：「你怎麼越來越無趣了？」聽他這麼說，我一時語塞，接著一陣隱隱的悲傷從心底湧起——我突然發現，小時候那個頑皮、幽默的孩子，已經遠離我很長一段時間了。我活在一種古老的負面催眠裡，我變得拘束，害怕犯錯。即使我從事的工作很多時候需要站在講臺上，但同時我又如此害怕呈現自己，害怕發光閃耀。

帶著覺察，我開始刻意地練習，把更多的頑皮、幽默、靈動帶回到我的生活和工作中。比如，我不再穿著嚴肅的襯衫西裝站在講臺上，而是選擇舒服自在的衣服；我依然認真地備課，但是每一次課程都會找到一些突破的方式，讓自己冒險，比如在六百人的大會上做個案演示。

經過不斷地嘗試，我發現自己在舒適區的邊緣來來回回，練習在邊界上跳舞，慢慢超越。然後，我開始嘗試做自己最夢寐以求的一件事情——寫作。但這個過程，並不是一帆風順的。

一直以來，我夢寐以求最想體驗的一種狀態就是：安頓下來，回歸自己的內心，聆聽內在細小的聲音，通過文字表達出來。聆聽自己，瞭解自我，全然地擁抱生命，並在世界上綻放自身的天賦和價值。

因為新冠肺炎疫情的影響，我終於從忙碌中停下來，以為可以花時間好好地讓內心的聲音通過文字表達出來，不過很奇怪的是，隨著每天的時間流逝，我卻無法寫出任何一個字。

◆為什麼人在更大的目標面前無法行動？

後來，在一天夜裡凌晨四點，從夢裡醒來，我隱約地感覺到，今晚的夢有著特別的意義，在潛意識深處某些地方湧動著，有些東西要通過我甦醒。和平常一樣，我走到客廳，在沙發上坐下來，在黑暗中閉上眼睛，重溫心裡的夢，記下夢裡的細節：

我走進一個四面透明的玻璃會議室，一個團體圍著圓，講課的老師坐在中間，正在和學員分享著什麼，沒有人留意我的到來。我找了一把空椅子坐下來，決定聽一聽老師正在分享的內容。當看清楚老師的臉時，才發現原來她是我的好朋友，一陣欣喜湧上心頭：「哇，真棒啊，沒有想到她現在也是一位老師了，分享得真不錯……」我心裡想著，暗自為她感到高興。

過了一會兒，我走出會議室，會議室旁邊是一個泳池。我隨意地看了一眼，突然間我看到泳池的水底下躺著一個孩子，很奇怪的是他的面部表情安詳又平靜。我驚呼：「快救人啊，有孩子溺水了！」正當我驚慌失措時，站在泳池裡的一個男人朝著我平靜地說：「沒有關係，不要慌張，這是訓練。」

我望向他，只見他正在從容地指導著另外一個孩子：「放鬆，全身放柔軟……不要嘗試操控，吸一口氣，深呼吸。再放鬆一些，把自己交出去，慢慢地融入水中……」我鬆了一口氣，哦，這是一個訓練。然後我留意到在泳池的水底下還躺著另外幾個孩子，安詳、自在。

「如果是我，我敢嗎？我能全然信任嗎？吸一口氣，放鬆，不去操控，全然交出去，讓水和大地承接著我？」我在夢裡的反問中醒來……

回望過往的足跡，我用了十七年時間，建構了我的第二段職業生涯，心理諮商師和生生不息催眠講師。過往的日子我做得還不錯：來訪者信任我，工作坊人數越來越多，也常常從學員那裡得到正向的回饋。是的，我知道我可以做好現在的工作，每個星期做一些諮商個案，到各地分享課程。我知道，在這個範疇中我不會失敗。

「我知道，在這個範疇中我不會失敗。」天啊，這是什麼話！

「我只希望不要失敗？我到底想說什麼？是埋藏在心底深處的祕密嗎？我平時是怎樣教導學生的？」我慢慢地覺察自己的舒適圈，覺察自己的恐懼，我真正害怕的是什麼？事實上，我有無限的可能性，可以自我實現，可以自我超越……那麼，現在我該怎麼超越自我？如果有一個畫面，那個超越自我的畫面看起來是怎樣的？在那個畫面中的體驗又是什麼樣的？和夢裡的那些孩子一樣嗎？信任、全然地交出去，融入水中，放鬆、臣服、自由、綻放？我的思緒在黑夜中飛揚。

如果我成為一個內心豐富細膩、精微、真實又自在的人，成為一個作者（其實我本來寫的是「作家」，但默默地改成了「作者」），不要開玩笑了！我是不可能的！想想都讓我緊張。

當我察覺到自己的這些想法時，我調整了一下呼吸，慢下來，反躬自問：我到底害怕什麼呢？我沉思著，拿起筆，在紙上寫了一個清單。

如果我成為一個內心豐富細膩、真實又自在的人，成為一個作者，我害怕的是：

- 我很忙，沒有這麼多時間（失去控制的感覺）。
- 這個不實際，和現實脫離（一絲焦慮升起）。
- 我有能力嗎（擔心、不安）？
- 我做得到嗎（自我懷疑）？
- 失敗了怎麼辦（挫敗、自責）？
- 別人的評價（丟臉、羞愧……嗯，這個特別有感覺）。

每一種想法都伴隨著情緒能量的升起。

難怪我常常拖延，毫無進展，因為這是我有可能失敗的範疇！害怕好不容易建立的「自我感」可能會因此破碎。難道我內心深處的目標就是「不要失敗」嗎？不失敗就等於成功嗎？

為了避免可能導致的失敗，做一些「安全」的事情，比如我正在做的心理諮商、講課等。嗯，我明白了，原來夢裡的教室讓我這麼踏實，離開教室，看到泳池裡的人們正在做的：信任、放鬆、自在、臣服、向一個更大的存在打開……這也許是我的潛意識在提醒我：現在，你需要開啟一段新的旅程了！

如果我內在的火花像種子一樣撒向世界，跟隨我內心深處的召喚，活出自己獨特的人生，這樣就不安全嗎？就會成為異類嗎？就會離經叛道嗎？我到底在忠誠於什麼呢？這些恐懼和不安來自哪裡？做自己為什麼感覺如此危險？

夢中的畫面變得如此清晰：教室裡的踏實、熟悉、安全，泳池中的敞開心胸、冒險、臣服；想要追逐的光明，隨光明而來的陰影。在這寂靜的夜晚，都顯露出無比清晰的模樣。

光明與陰影兩股能量，隱藏著生命的力度和豐滿度

在每個人的心靈深處都有一種天賦，讓我們藉此閃耀出自己獨特的光芒。但同時，心靈深處也攜帶著創傷，這些創傷不只是來自生命之初，也來自生命之前，包含父母的、祖先的、歷史的、文化的……一旦我們的心靈向世界打開，綻放天賦和召喚的時候，創傷也會同時來到我們的世界，我們會不安、懷疑、恐懼、焦慮等。

這正是我在經歷的歷程，我既渴望綻放光明，又害怕別人窺見我的陰影。

光明與陰影這兩股能量，都隱藏著我們生命的力度和豐滿度：

- 光明與陰暗。
- 敞開與保護。
- 綻放與安全。
- 放鬆與緊張。
- 做自己和被詛咒。

光與影共存，完整與碎片相輔相成，綻放與脆弱同在。

那麼，你還要做自己嗎？你還要向世界敞開嗎？你還要綻放你的獨特嗎？

我過往的職業生涯，不正是這幾個問題的答案嗎？一方面，我如此害怕自己展現在他人的目光之下；另一方面，我選擇的工作讓我站在舞臺之上。生命真是神奇。

吉利根博士常常說：「你今天之所以選擇這樣的工作，其背後的意義是為了療癒你的創傷，綻放你的天賦，幫助你成為一個更完整的人。」

要活出豐滿的人生，恰恰需要掌握並調整好這光與影的平衡，同時體驗光明與陰暗，抱持「綻放天賦」與「療癒創傷」，這便是一段自我實現的旅程。

而你呢？你又會如何回答這幾個問題？你現在所做的，是你想要的答案嗎？

美國詩人瑪麗・奧利弗在〈旅程〉這首詩中說道：

有個新的聲音，

你開始認出來，

它是你自己的！
當你越來越大步地邁入這個世界時，
它陪伴著你。
決定去做，你唯一能做的那件事。
決定去拯救，你唯一能拯救的那段生命。

關於我的第二段職業生涯是不是我想要的，我的答案為：是的。

如果你足夠信任，放下生命中所有的內容，把自己交給內在一個強大的力量承接著，這時候，你會體驗到前所未有的自由。

真正地去觸碰光明，到達你想去的地方。

出走半生的少年

出走半生的少年

要活出豐滿的人生，就需要同時抱持「綻放天賦」與「療癒創傷」，因為，在我們內在最深的地方這兩者同在。如果我們鎖上創傷，那麼靈性和天賦就無法在世界上綻放。如何理解，如何練習，才能讓我們的生命綻放獨特的光輝？

你可能還記得，在年幼的時候，你的心是敞開的。你對世界充滿著驚奇，生命深處自然的生命能量和獨特的靈性在世界上、家庭中流淌著，直到遇到人類社區的回應，通常是家庭場域中父母的回應——「你總是搗亂。」「你糟透了。」面對負面的語言與厭惡的表情，你就把自己關閉起來了。

作為孩子，我們常常會有這樣的感受：「爸爸媽媽，我能感受到你們的愛，但是你們表達的方式和行為，讓我感受到我的渺小、沒有價值……」

我們常常受困於負面的催眠和限制性的信念中，像是：

- 我是不夠好的，如果我好一點，父母就會愛我了。
- 讓父母快樂是我的責任。

我們活在這樣的負面催眠中，忘記了自己的力量。努力地去討好他人，遠離了我們的獨特，遠離了那個對世界充滿好奇、充滿靈感和流動的少年。

以我自己為例子，在如今五十歲的年紀，我依然發現，我內在那個五、六歲的小孩多麼需要父母的關注，多麼需要母愛。那時候剛好妹妹、弟弟相繼出生，媽媽的注意力從我身上移開。同時照顧三個孩子，讓焦慮的媽媽很難關注到我的需求。但對於孩子來說，關注就等於愛，沒有關注就等於不被愛。

在過去的很多年，我常常湧現一種很奇怪的感覺：明明那麼多人愛我，我的同事、我的朋友都很喜歡我，學生們也很欣賞我，我也知道爸爸媽媽是很愛我的，我卻總是感覺這個世界上沒有人愛我，常常沉浸在內心深深的孤獨感之中。

於是，我會做很多事情來感受我的存在是有價值的。我希望自己在別人眼中是成功的，或許這樣我就不會孤獨了。我一個人負重前行，經營我的事業，當遇到不順利的時候，我會更加努力，更想控制，以確保自己不要失敗。

如果一切都很順利，那麼又會有另外一種擔心：假如未來失敗了，那該怎麼辦呢？於是就會更努力。但是數年之後，我疲憊不堪。獨自一人的時候，我常常不禁一聲嘆氣：「我什麼都不想幹了，我好想放棄。」

慢慢地，我開始明白，**無論什麼年齡，我都需要找回孩子般的天真和好奇，保持與內在那個少年的連接**。在那裡，我的靈性和生命最深的召喚想要綻放在世界上。

艾瑞克森說：「開始一段新的童年，永遠不會晚。」重新建構一個內在的家庭，在這裡，我們得以孕育出內在的空間，同時抱持「綻放天賦」與「療癒創傷」。

◆重新開始一段童年，建構一個內在的家庭

我們可以通過練習來重新開始一段童年，重新建構一個內在的家庭。

我會提供兩種方式供你參考，進行練習。也就是把一種「狹義的愛」或者「廣義的愛」，帶給你內在那個因為受傷而退縮的孩子，把他獨特的、自然的生命力和靈性帶給現在的你，幫助你活出完整的、綻放的生命。

❶練習連接「狹義的愛」

比如，在現實中練習和父母連接，這是我自己常常做的。

我知道，無論多大的年紀，就算五十歲了，我都需要母愛。我常常會刻意地和媽

媽進行連接。每次見到七十多歲的媽媽，我都會緊緊地抱著她，讓自己變成孩子，撒撒嬌。這時，我會深呼吸，把媽媽的連接和愛帶給內在的小孩。於是，這個「幸福的孩子」就會加入我當下的生命旅程。

在工作中，每次有人對我說：「常常感受到你的狀態中有一個小男孩到來。」我都會把這種反饋當成很棒的回應，並鼓勵那個內心的小男孩說：「謝謝你！我愛你！在我未來的創造性旅程中，我需要你。」我知道，這個「小男孩」是我創造力的源頭，幫助我開啟與綻放夢想、天賦、生命力。

❷練習連接「廣義的愛」

在孩子眼中，父母就代表理想父母的原型象徵。理想父母的原型，意味著無論如何父母都會提供生命能量、安全、愛、關注給孩子。事實上，父母也有著他們個人獨特的生命呈現。現實中，父母往往無法完全代表理想父母的樣子，這對孩子來說是非常困擾的。

不過，長大之後，我們可以練習在家庭之外連接上廣義的愛，讓自己感受到被愛。在一個有愛的地方，我們會意識到父母也有他們的局限，那麼帶著更寬廣的愛，我們就可以釋放內在的退縮和壓抑，綻放獨特的價值。

我的一位來訪者小米，感受不到和原生家庭的連接。她說自己每當想起家人的時候，就會出現負面的感受，覺得悲傷、孤單、沒有依靠。小米闡述時，很明顯處在一種僵化的狀態。這是人們無法連接內在智慧及發現更多可能性的原因，而在那個被「卡住」的地方很可能是天賦和才能所在。

為了釋放這種狀態，我問了她一個問題：「每當妳需要和自己有正向連接時，妳會做些什麼呢？」小米把手輕輕地放在胸口，回憶著，然後說：「我會去大自然散步，看那些開著小花的植物。」

我邀請她做一次深呼吸，把開著小花的植物帶到身體中。隨著每一次的呼吸，她都好像可以聞到花朵的香味，讓花朵的顏色、香氣充滿身體的每一個細胞。我問小米：「現在，妳感覺到什麼呢？」小米面部變得柔和，微笑著說：

「感覺身邊被花包圍，每一朵花都跟我打招呼，都在笑，粉色的、紫色的，它們隨著風在跳舞。」

小米的呼吸變得深沉緩慢，我知道，她已經連接上大自然宏大場域中一個更偉大的存在。「這是一個美好的大自然家庭，不是嗎？」我回應著，「要怎樣改善我和父母的關係，在一個更大的場域中抱持這個問題，同時感受到花朵的存在？我意識到自己不知道問題的答案，不知道要用什麼樣的方式，和父母建立一種新的正向關係。所以，我回到和花朵的連接之中，感覺到自己和花朵一起呼吸著，我問花朵，請它們教導我，請它們讓我看到，和父母相處的新方式。我是這些美麗花朵家庭中的一員，同時我也在思索著，怎樣把這種自然的、智慧的連接帶到我的家庭。」

我並不是在向小米的意識心智提問，而是邀請她把這個問題拋到她深層的潛意識心智中，把問題帶到一個更宏大的場域之中。

當我們把個人的自我覺察帶到一個更宏大的場域之中時，創造力就產生了。

我看到小米的身體輕輕地搖擺著，像花朵在風中搖曳，帶著某種節奏，輕柔地、自發地搖曳。我繼續邀請小米深化這種連接：「妳感覺到渴望與父母有正向連接，就讓自己打開和花朵美麗的、深層的連接。感受到妳歸屬一個更偉大的家庭，妳是大自然的一部分……」

諮商即將結束時，我對小米說：「給自己一個擁抱，就好像大地的芬芳、花草的香味也在擁抱著妳。妳是大地的孩子，感覺與大地母親美妙的連接。和大地母親說，我會記住妳、榮耀妳。我的大地母親，我會帶上妳的美和智慧，帶給所有我愛的人，從我的家庭開始……」

在成熟的年齡，我們可以重新建構內在的家庭，把更寬廣的愛帶給受傷的自己。大自然的愛、地球母親的愛、宇宙的愛、祖先的愛，它們無條件地支持著我們、孕育著我們。儘管孤單、無助、沒有連接的感覺還是會回來，但這些都是生命中不可或缺的一部分。而每當我們感到孤單、無助的時候，這些感覺都是一種回饋，提醒著：我們與深層廣闊的場域失去了連接。

請記得，你內在「年輕的自我」有著獨特的靈性、天賦和生命力。就在你的身體中心，如果你練習用人性的友善和愛灌溉那個地方，那就是靈性發芽的地方。

我們練習把「狹義的愛」和「廣義的愛」帶給內在那個兒時的少年，讓他感受到被愛、被支持、被祝福，讓他知道，他綻放的獨特的天賦價值，為他自己和這個世界帶來貢獻。

現在，請他和成熟的你一起踏上旅程，創造一段屬於你們自己的英雄之旅吧。願你出走半生，歸來仍是少年，在生命旅程中綻放出獨特的光芒。

練習 通過孩子、成人、一萬歲老者的視角進入世界

我將和你一起練習，通過孩子、成人、一萬歲老者的視角進入世界。

前述提過，人們之所以創造問題是因為僵化。

隨著年齡的增長，我們逐漸遠離內在那個天真、驚奇、敞開、流動、對萬事萬物好奇的孩子，過度思慮成為我們的主要反應。這樣的神經肌肉緊繃，讓我們受困於有限的經驗中打轉而失去了創造力。

當然，還有很重要的一點就是，我們每天無意識地捲入「求生存」的焦慮之中，忘記連接我們的靈性和生命召喚。這種狀態梭羅稱之為「活在安靜中的憂鬱」，它讓我們的生命力慢慢地枯萎。

為了讓生命充滿生生不息的流動和創造力，我們需要活在三個年齡中：孩子、成人、一萬歲老者。

不管你現在是什麼年齡，請找回孩子般的天真、流動、敞開和好奇。然而，儘管孩子有著無窮的想像力和創造力，他也有著弱項——缺乏自我覺察，無法分析具體的情況，難以快速地制定方案，無法比較和選擇一個更好的策略，並持續付諸行動。因此，孩子無法創造具體的現實。而一個成熟的成年人，知曉如何在社會層面上行動，幫助自己夢想成真。

同時，我們也需要從更高的意識維度，連接更有智慧的存在，成為我們生命的觀察者。我們從一萬歲智慧老者的視野中，看到我們生命的歷程，得到回饋和教導。

催眠真的是一個非常好的工具，它能教你如何創造一個美好、溫暖、正向、安全的空間，由此感受到你與自己不同面向之間的正向連接。

當定下一個更大的目標，設定一個正向意圖或是遇到挑戰時，我們通過催眠練習，可以在三個不同的年齡中流動、體驗、吸收——有孩子的好奇心、創造力，有成人的持續行動力，並從更高的智慧中獲得生命的領悟，這會幫助我們創造健康、美好、豐盛的人生。

接下來，讓我們一起踏上一段美好的體驗旅程吧！

❶ 安頓，設定三個年齡：孩子、成人、一萬歲老者，進入不同的體驗

現在，我邀請你找到一個安靜的地方，站在那裡，慢慢安頓下來，自然地呼吸幾次。當你感覺到安頓下來的時候，我邀請你想像，從你站立的地方，想像在你的前面有三個不同的空間，分別代表三個不同的年齡：孩子、成人、一萬歲老者。

你準備好後，往前踏一步，進入孩子的空間。

想像作為一個孩子，你的心是敞開的，對萬事萬物感覺到好奇、新鮮、流動，充滿著想像力……去感受到孩子的能量、流動、創造力。借助孩子的能量做出一個身體的動作，靜靜地待一會兒。

做一次呼吸，當你準備好了，我邀請你往前再踏一步，進入成人的空間。

作為一個成人，你是有自我覺察的，能夠為你的生命負起責任，能夠選擇你的人生，持續付出行動創造你想要創造的現實。

成人很棒的地方在於，他是有能力、有資源、有行動力的，他可以做出承諾，付

出行動。持續的行動能夠讓夢想成真，創造具體的現實。在這個空間去感受、呼吸。接著做出一個成人的身體姿勢，去感受你的力量、你的承諾、你的行動，你可以創造你的現實，並且在這個身體姿勢裡深呼吸，待一會兒。

當你準備好了，我邀請你再往前踏一步，進入一萬歲老者的空間。我邀請你發揮想像力，想像你變成一個白髮蒼蒼的、健康的、有智慧的一萬歲老者，回顧你的人生……現在，站在有更高意識、更有智慧的年齡，他是怎樣呼吸的？他是怎樣感受的？他是如何看待你和這一段生命旅途的？

在這個地方感受一萬歲的老者，他充滿著智慧，他走過這麼長的一段人生道路，站在一個更高維度的智慧空間中，他的能量、呼吸、表情與智慧。在這個地方做出一個身體姿勢，代表一萬歲老者智慧般的存在。在這個地方靜靜地感受，待一會兒。

然後，我邀請你做一次呼吸，把這一段旅程，看成一種熱身，讓你的意識能夠安頓下來，調頻到一個流動的、好奇的、成為自己的觀察者的狀態……在每一個不同的地方，每一個不同的年齡去感受、觸碰、體驗。

當你準備好了，我邀請你慢慢地回到旅程的起點。你向後退三步，回到原來的起點，在這個地方做一次呼吸。

❷回到起點找到正向意圖，進入不同年齡，體驗不同視角如何幫助你達成意圖

你回到旅程的起點，站在門檻之外，我邀請你再一次深呼吸，讓身心管道打開……把心打開，將好奇心帶到當下，去感受，在未來，在你的生命中最想要的、最有共鳴的一個正向意圖是什麼？在你的生命中，你最想創造的是什麼？

我邀請你花一點時間，放下頭腦的思考，只是把呼吸帶到你的內在，打開你的心。也許你可以輕輕地把手放在心所在的位置，在那裡去感受，去連接，接著問自己一個非常重要的問題：「在我的生命中，我最想為我自己創造的是……」做一次呼吸，把內在共鳴的細小聲音帶到你的生命中，去感受如果你活出你最想活出的樣子，在未來你最想為自己創造的是什麼？

如果你站在那個夢想成真的地方，你會看到什麼？聽到什麼？體驗到什麼？你怎

樣說話？如何呼吸？在未來那個夢想成真的地方，待一會兒，看看那個畫面。接著做一次呼吸，我邀請你把這個正向的意圖說出來：「在我的生命中，我最想創造的是……」

然後，你再做一次呼吸，用你的身體來表達這個正向意圖，用一個身體姿勢表達這個夢想成真。在這個身體姿勢中，感受到你在門檻之外，連接上這個有身心共鳴的正向意圖，一個美好的畫面，讓你感覺到充滿著激情、熱情……從這種感受中往前踏一步，進入孩子的空間。

我邀請你去好奇，去感受，在一個孩子的能量中敞開、流動，跟整個宇宙融合，進入大地、河流山川、家庭、社區的場域，任何的地方。像孩子一樣去好奇，感受到新鮮、敞開、流動，充滿著想像力，有著無限的可能性。

從孩子的能量中去感受、去體驗……他如何幫助你創造自己最想創造的未來？

從孩子的能量中做出代表正向意圖的動作，去感受一個孩子充滿著想像力的能量如何幫助你夢想成真。靜靜地待一會兒，做一次呼吸，感受到新的感受，體驗到新的體驗，觸碰到更多的可能性。

在孩子的這個空間裡做一次呼吸。當你準備好了，踏入前面的一個空間，一個成人的空間，從這個地方去感受，一個成人跟孩子之間有怎樣的不同。

成人有更多的自我覺察，有更多的資源，有更多的能力，身體和行動力也變得不一樣了。成人能夠持續地付出行動，專注於自己的目標、承諾，找到一條最棒的路徑，幫助自己夢想成真。成人也可以持續地學習，有能力面對問題和挑戰，能夠從挫敗中、受困的地方重新站起來，再一次朝向生機勃勃的未來。

「在我的生命中，我最想創造的是……」，從這個地方去感受、去呼吸，帶著成人的力量、智慧、行動力，去好奇如何從這個地方，幫助你創造你想要的未來，幫助你夢想成真。

帶著成人的能量、感受、體驗去觸碰一個新的未來，做出代表正向意圖的身體姿勢。從這裡去感受，作為一個成人，如何幫助你夢想成真，感知到新的感受，體驗到新的經驗，學習到新的知識。

作為一個成人，你能夠持續地為你的夢想行動，你作為一個成人，能夠不停地學習、覺察。

做一次呼吸，當你準備好了，我邀請你再向前踏一步，進入一位一萬歲老者的空間……連接上一個更有智慧的存在，從這個地方去感受更寬廣的視野，去感受一個人的一段生命旅途，有那麼多可能性，有著天賦、熱情和生命召喚，並且從這個智慧地方回看這一段人生旅途。

這位一萬歲老者是智慧的存在，他會給現在的你怎樣的建議？他會帶給你怎樣的感悟？

更豐富的資訊，更高維度的能量，更好的狀態，更寬廣的視野，這些如何幫助你夢想成真，達成你的正向意圖呢？

在這個地方呼吸，感受、連接一萬歲的智慧老者……在這個空間與能量中感受著，體驗一個未來的美好畫面，去好奇他們的存在，將會如何幫助你。

「在我的生命中，我最想創造的是……」，做一次呼吸，從一萬歲智慧老者的能量中，做出一個代表正向意圖的身體動作，在這個地方呼吸、感受、體驗，靜靜地待一會兒。

❸將不同面向整合

我邀請你做一次呼吸，感受你已經走過這一段旅程。

- 從一個孩子的好奇心、創造力中去敞開。
- 從一個成人的持續行動力中去創造。
- 從更高的智慧中獲得了生命的領悟。

把每一個不同的部分都帶進來。也許你可以張開你的雙臂，打開你的雙手。在你的雙手之間，把每一個不同的部分帶進來──孩子的流動、好奇心、創造力；成人的承諾、負責任、持續的行動力；一萬歲老者的頓悟、覺悟、智慧。

從你的心做一次呼吸，感受在你的內在，你擁有那麼多不同的能量。

當你朝向這一段生生不息的創造性旅途時，你可以從他們那裡得到力量，得到資訊和祝福……每一個不同部分的到來，都是在幫助你朝向這段旅途邁進，幫助你未來的夢想成真。

花一點時間，為你的內在做一次整合，欣賞這一段學習的歷程，看見未來的改變：我能夠把生命中完整的智慧帶到生命道路上，像孩子一樣去好奇和想像，帶著成人的行動力、承諾，還有更寬廣的視野，連接上更高維度的智慧。幫助我在我的生命旅途中創造一種新的可能性，迎向我想要的美好未來。

我們能夠幫助自己夢想成真，那真的是很棒。邀請你感恩你內在的智慧，感恩每一個祝福你、愛你的人，跟他們說謝謝。

說過謝謝之後，你慢慢地呼吸，當你準備好了，打開眼睛，回到這裡。

謝謝你的探索，謝謝你能夠連接自己的智慧，這是你為自己做的最棒的一件事，這是你為這個世界，以及你身邊的人做的最棒的事。連接你自己，連接你的資源，連接你內在的智慧，在你的生命中創造你想要的未來。

請記得，一部分的你，是成熟的大人，明白如何在社會層面上行動。一部分的你，更情緒化、更脆弱、更羞澀，也充滿好奇。你同時擁有兩者。還有其他部分的你，比這兩者擁有更多可能性。

你不是受困在一個地方，而是在不同的地方流動，和每一個不同的部分有和諧正向的關係，那就是你能變得真正有創造力的時候，是你能變得真正快樂、變得真正受歡迎、真正有魅力的時候。

停止你的內在戰爭：

聆聽心中真正的渴望，走向不再糾結的人生

作　　者　黃仕明

責任編輯　李雅蓁 Maki Lee
責任行銷　袁筱婷 Sirius Yuan
封面裝幀　Bianco
版面構成　張語辰 Chang Chen
校　　對　鄭世佳 Josephine Cheng

發 行 人　林隆奮 Frank Lin
社　　長　蘇國林 Green Su

總 編 輯　葉怡慧 Carol Yeh
主　　編　鄭世佳 Josephine Cheng
行銷主任　朱韻淑 Vina Ju
業務處長　吳宗庭 Tim Wu
業務主任　蘇倍生 Benson Su
業務專員　鍾依娟 Irina Chung
業務秘書　陳曉琪 Angel Chen
　　　　　莊皓雯 Gia Chuang

發行公司　精誠資訊股份有限公司
　　　　　悅知文化
地　　址　105台北市松山區復興北路99號12樓
專　　線　(02) 2719-8811
傳　　真　(02) 2719-7980
網　　址　http：//www.delightpress.com.tw
客服信箱　cs@delightpress.com.tw
I S B N　978-986-510-233-3
建議售價　新台幣３９０元
首版一刷　２０２２年１０月

國家圖書館出版品預行編目資料

停止你的內在戰爭：聆聽心中真正的渴望，走向不再糾結的人生／黃仕明著. -- 初版. -- 臺北市：精誠資訊股份有限公司，2022.10
368 面；14.8×21 公分
ISBN 978-986-510-245-6（平裝）
1.CST: 人生哲學
191.9　　111014538

建議分類｜心理勵志

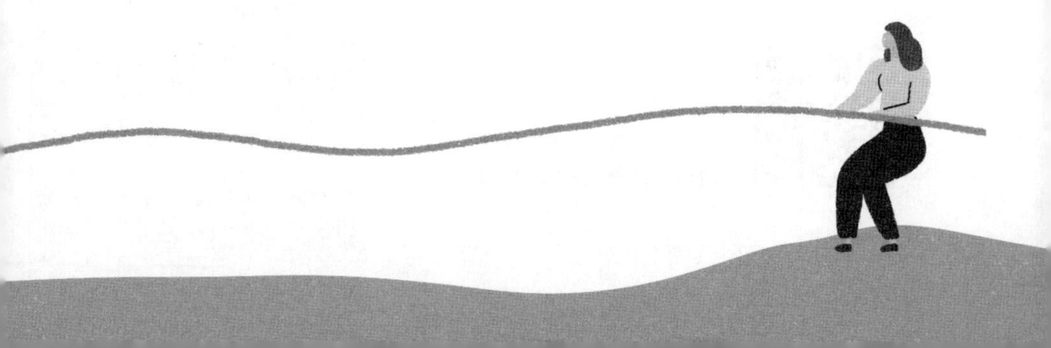